나 사용 설명서

누구보다 나를 잘 알고 싶은 당신에게

누구보다
나를 잘 알고 싶은
당신에게

나 사용 설명서

아이매뉴얼 아카데미
서민정

프롤로그

나에 대해서
좀 더 알고 싶다.

프롤로그

나를 이해하고,
나답게 살아가는 방법은 없을까?

만약 당신에게도 나 자신에 대한 '사용 설명서'가 있다면 어떨까요?

삶은 곧 '나'를 알아가는 여정입니다. 그래서 지금 이 순간에도 많은 사람들이 '나다움'을 찾기 위해 헤매고 있습니다. MBTI, 심리 테스트, 사주, 별자리, 혈액형… 우리는 다양한 방법으로 자신을 이해하려 노력합니다. 하지만 몇 가지 문항이나 단순한 유형만으로 '나'를 온전히 정의할 수 있을까요?

우리는 끊임없이 스스로에게 묻습니다.
"나는 왜 이럴까?", "나는 어떤 삶을 살아야 할까?", "나는 정말 나답게 살고 있을까?"

하지만 그 답은 좀처럼 선명해지지 않습니다. 누구도 명확히 알려줄 수 없기 때문입니다. 그때 이 막막함 속에서 나를 이해하도록 돕는 하나의 길잡이가 등장합니다. 그것이 바로 휴먼디자인(Human Design)입니다.

휴먼디자인은 주역, 차크라, 카발라, 점성술 같은 고대의 지혜와 양자물리학, 유전학, 천문학, 생리학 등 현대 과학이 융합된 통합 시스템입니다. 내가 타고난 에너지와 재능, 사회적 성향, 삶의 방향성을 입체적으로 보여주는 강력한 자기 이해 도구이기도 합니다.
『나 사용 설명서』는 바로 이 휴먼디자인을 기반으로, 단순한 이론서가 아니라 당신이 삶 속에서 직접 활용할 수 있는 매뉴얼로 완성되었습니다.

이 책은 수많은 사람들이 갈망해온 질문 "나는 누구인가?"에 대해 과학적이면서도 실용적인 답을 제시합니다. 또한 개념 설명에 머무르지 않고, 일상 속에서 바로 적용할 수 있도록 따뜻하고 구체적인 언어로 풀어냈습니다.
읽기에 앞서 먼저 당신의 휴먼디자인 차트를 생성해 보세요. 그리고 책과 함께 차근차근 연결해 나간다면, '나다움'을 찾는 여정 속에서 진정한 '나'를 마주하는 경험을 하게 될 것입니다.

프롤로그

나를 위한 매뉴얼,
아이매뉴얼(i-manual)

'아이매뉴얼'은 국내 최초로 휴먼디자인(Human Design) 시스템을 적용한 성향 분석 앱입니다.

기존의 휴먼디자인은 전문 용어와 복잡한 정보로 인해 접근이 쉽지 않았지만, 아이매뉴얼은 수년간의 연구를 바탕으로, 이를 더 쉽고 실용적인 방식으로 풀어냈습니다.

앱에 생년월일, 태어난 시간과 장소를 입력하면, '나'라는 존재를 알려주는 사용 설명서가 생성됩니다.

그 안에는 내가 타고난 사회적 성향(프로파일), 기본 에너지 유형(타입), 내면의 중심 구조(센터) 등 지금까지 보지 못했던 새로운 나에 대한 정보가 담겨있습니다.

이 사용 설명서는 단순히 현재의 기분이나 상태를 반영한 결과가 아니라, 타고난 본질과 패턴을 기반으로 한 진짜 나의 모습을 보여줍니다.

프롤로그

나 사용 설명서
생성 방법

아이매뉴얼을 통해 '나 사용 설명서'을 생성하는 방법은 아주 간단합니다.

① 모바일 기기의 카메라 실행
② 하단의 QR 코드를 스캔하여 '아이매뉴얼(i-manual)' 앱 설치
③ 앱 내 설명서 생성 페이지에서 나의 탄생 정보
　(생년월일, 시간, 태어난 장소) 입력
④ '나 사용 설명서' 생성 완료 후 나의 디자인 살펴보기

i·manual

QR코드 인식이 안 될 경우, 플레이스토어와 앱 스토어에서
'아이매뉴얼'을 검색하여 설치해 주세요.

목차

프롤로그

나를 이해하고, 나답게 살아가는 방법은 없을까?   06

나를 위한 매뉴얼, 아이매뉴얼(i-manual)   08

나 사용 설명서 생성 방법   10

시작하기 전에

나답게 산다는 것은 대체 어떤 것일까?   18

뉴트리노 바다에 빠져있는 우리   20

나를 이해하는 첫걸음, 휴먼디자인의 기본 개념   22

CHAPTER 1
센터(Center) - 9개의 센터가 만들어 내는 나만의 흐름

나의 디자인을 구성하고 있는 9가지의 에너지 센터   29

정의 센터(Defined Center), 미정의 센터(Undefined Center),
오픈 센터(Open Center)   31

영감 센터(Head Center) - 다양한 영감을 다루는 센터   39

생각 센터(Ajna Center) - 논리와 개념을 체계적으로 정리하는 센터   59

표현 센터(Throat Center) - 말과 행동으로 소통하는 센터   81

방향 센터(G Center) - 내면의 나침반이 되어주는 센터	105
에고 센터(Ego Center) - 의지와 자존감을 보여주는 센터	127
직관 센터(Spleen Center) - 순간의 본능과 직감을 느끼는 센터	149
감정 센터(Solar Plexus Center) - 감정의 흐름을 조절하는 센터	171
활력 센터(Sacral Center) - 지속적인 에너지를 생성하는 센터	193
연료 센터(Root Center) - 추진력을 만드는 센터	215

CHAPTER 2
종족(Type) - 나의 종족을 알면 삶이 더 쉬워진다

휴먼디자인의 5가지 종족	240
에너자이저(Generator) - 지속적인 에너지를 지닌 종족	249
스피드 에너자이저(Manifesting Generator) - 활력 넘치는 에너지를 쓰는 종족	263
혁신주도가(Manifestor) - 스스로 결정하며 이끄는 종족	285
가이드(Projector) - 사람들에게 적절한 조언을 전하는 종족	299
거울(Reflector) - 주변 환경과 사람들을 그대로 비추는 종족	313

CHAPTER 3
사회적 성향(Profile) - 사회 속에서 나를 표현하는 방식

상호작용 방식을 나타내는 사회적 성향	329

사회적 성향을 이루는 기본 요소인 라인	331
사회적 성향 1/3 – 실험적 연구가	341
사회적 성향 1/4 – 사교적 연구가	351
사회적 성향 2/4 – 사교적 천재	361
사회적 성향 2/5 – 영웅적 천재	371
사회적 성향 3/5 – 영웅적 모험가	381
사회적 성향 3/6 – 현명한 모험가	391
사회적 성향 4/6 – 현명한 사교가	401
사회적 성향 4/1 – 탐구적 사교가	411
사회적 성향 5/1 – 탐구적 해결사	421
사회적 성향 5/2 – 천재적 해결사	431
사회적 성향 6/2 – 천재적 현자	441
사회적 성향 6/3 – 실험적 현자	451

CHAPTER 4

에너지 흐름(5 Definition) – 하나의 몸, 다양한 흐름

나를 이루는 에너지 연결 구조	463
한 묶음 흐름(Single Definition) – 에너지가 하나로 자연스럽게 흐르는 구조	465
두 묶음 흐름(Split Definition) – 에너지가 두 방향으로 흐르는 구조	466
세 묶음 흐름(Triple Split Definition) – 에너지가 세 방향으로 흐르는 구조	467

네 묶음 흐름(Quadruple Split Definition) – 에너지가 네 방향으로 흐르는 구조 468

절전 모드(No Definition) – 내부 에너지 흐름이 형성되지 않는 구조 469

CHAPTER 5

회로(Circuit) – 세상을 이해하는 방식

나의 사고, 행동, 관계 방식을 이끄는 에너지 설계도 473

논리 회로(Logic Circuit) – 이성과 패턴으로 세상을 이해 476

추상 회로(Abstract Circuit) – 경험과 감정을 통해 삶의 의미를 깨달음 479

개인 회로(Individual Circuit) – 나만의 방식으로 세상에 변화를 일으킴 482

부족 회로(Tribal Circuit) – 함께 돌보고 연결되며 살아가는 공동체 486

CHAPTER 6

결정 방식(Authority) – 가장 나다운 결정의 기준

나에게 가장 자연스러운 결정법 493

감정 결정 방식(Emotional Authority)
– 감정의 물결이 잦아든 뒤, 결정하는 방식 494

활력 결정 방식(Sacral Authority)
– 몸에서 올라오는 본능적인 반응을 따라 결정하는 방식 495

직관 결정 방식(Splenic Authority)
– 순간적으로 스치는 직감을 믿고 따르는 결정 방식 496

에고 현시 결정 방식(Ego Authority)

– 내 진심과 의지를 바탕으로 선택하는 결정 방식	497
에고 투사 결정 방식(Self-Projected Ego Authority)	
– 스스로의 의지에 따라 진짜 원하는 것을 선택하는 결정 방식	498
방향성 결정 방식(Self-Projected Authority)	
– '나다움'을 기준으로 선택하는 결정 방식	499
외부환경 결정 방식(Mental Projected Authority)	
– 사람들하고 대화하며 스스로의 생각을 정리하는 결정 방식	500
달 주기 결정 방식(Lunar Authority)	
– 약 28일 동안 자신을 지켜보며 천천히 결정하는 방식	501

에필로그

나를 이해하는 연습, 삶을 이해하는 시작	505

부록

인카네이션 크로스 – 내가 어떻게 살아갈지를 알려주는 삶의 지도	511
인류의 자산 휴먼디자인. 누구의 소유물도 신념도 아님을 증명하다	529

시작하기 전에

조금 더 나를 알기 위해
한 걸음 내딛어 볼까?

시작하기 전에

나답게 산다는 것은
대체 어떤 것일까?

휴먼디자인은 사주나 점성술처럼 운이나 길흉을 판단하는 학문이 아닙니다.

우리가 본래 타고난 모습대로 살고 있는지, 아니면 외부의 영향으로 나답지 않게 살고 있는지를 이해하도록 돕습니다. 이 과정을 '셀프(Self)'와 '낫셀프(Not-Self)'라는 개념을 통해 설명합니다.

셀프(Self)는 자신의 본래 성향과 디자인에 맞게 살아갈 때 느끼는 상태입니다. 내가 가진 에너지를 자연스럽게 활용하고, 나에게 맞는 선택을 하며 살아갈 때 만족감, 평화, 성공, 놀라움 같은 긍정적인 감정을 경험하게 됩니다.

반대로, 낫셀프(Not-Self)는 외부의 기대나 사회적 기준에 맞추려 하거나, 나에게 맞지 않는 방식으로 살 때 나타나는 상태입니다. 이때 좌절, 분노, 실망감 같은 감정이 반복된다면, 이는 본연의 모습에서 벗어나 있다는 신호일 수 있습니다. 하지만 낫셀프 상태가 꼭 나쁜 것은 아닙니다. 오히려 현재 내 삶을 돌아보고, 더 나다운 방향으로 나아갈 기회를 제공해 줍니다.

결국, 나답게 살아간다는 것은 휴먼디자인을 이해하고, 내게 맞는 삶의 방식과 선택을 찾아가는 과정입니다. 나만의 전략과 내적 결정권을 잘 활용하면, 더 자유롭고 만족스러운 삶을 살 수 있습니다.

시작하기 전에

뉴트리노 바다에
빠져있는 우리

내가 세상에 태어난 그 찰나의 순간, '뉴트리노'라 불리는 초당 수백조 개의 입자들이 나의 몸을 스쳐 지나갔습니다.

눈에 보이지도, 손에 잡히지도 않는 이 미세한 중성미자는 우주를 떠돌며 매 순간 우리를 통과합니다. 그 과정에서 대우주의 에너지와 고유한 정보를 품은 이 작은 입자들은 소우주인 나의 내면에 영원히 지워지지 않는 서명을 남깁니다.

휴먼디자인은 이렇게 설명합니다. 내 몸을 스치며 남긴 뉴트리노의 흔적이, 백지 같던 나의 에너지 설계도를 완성한다고 말입니다.

마치 유전자 코드가 몸을 설계하듯, 뉴트리노는 보이지 않는 운명의 코드로 내 삶의 방향과 타고난 재능, 성향을 새겨 넣습니다.

우리는 지금, 이 순간에도 보이지 않는 뉴트리노의 바닷속을 유영하고 있습니다. 그러니 누군가와 완전히 같은 디자인을 가진다는 건 같은 시간, 같은 장소에서 태어나지 않는 이상 결코 일어날 수 없는 기적일 수밖에 없습니다. 이토록 유일한 존재인 '나'를 이해하는 일. 그건 단순한 자기 분석이 아닙니다. 그건 곧, 나를 진심으로 사랑하는 첫걸음입니다.

나의 타고난 모습은 그 자체로 매우 아름답고 강력하므로 디자인 차트를 이해하는 순간, 더 이상 세상의 기준에 맞추기 위해 애쓰지 않아도 됩니다.

이제, 진짜 나를 만나는 여정이 시작됩니다. '지피지기면 백전백승'이라는 고사성어처럼, '나'를 아는 것이 세상을 더 자유롭게 살아가는 무기가 될 그 여정에 지금 발을 내디뎌 보시길 바랍니다.

시작하기 전에

나를 이해하는 첫걸음,
휴먼디자인의 기본 개념

이 책은 '나'를 깊이 이해하는 여행의 시작입니다. 그리고 이 여행에서 가장 먼저 만나야 할 지도가 바로 휴먼디자인 차트입니다.

처음에는 낯선 용어들이 다소 어렵게 느껴질 수 있습니다. 하지만 걱정하지 않아도 됩니다. 이 페이지를 읽고 나면, 복잡하게만 보였던 '나만의 설계도'가 훨씬 친숙해질 것입니다.

센터(Center)

디자인 차트는 총 9개의 센터로 구성되며, 우리의 생각, 감정, 의사결정, 직관, 의지 등 삶의 다양한 영역과 연결되어 있습니다. 또한 이 센터들은 우리의 신체 기능과 연결됩니다. 각 센터가 정의

(Defined)되었는지, 미정의(Undefined) 되었는지에 따라 에너지를 사용하는 방식이 달라집니다. 이 센터를 이해하면 어떤 부분에서 안정적인 에너지를 가지고 있고, 어떤 부분에서 외부 영향을 받는지 알 수 있습니다.

▍에너지 흐름(Definitions)

우리 안의 센터들이 어떻게 연결되어 있느냐에 따라 에너지가 흐르는 구조가 달라집니다. 이 흐름은 우리가 관계를 맺는 방식, 생각을 정리하는 방식, 결정을 내리는 방식까지 깊이 영향을 줍니다.

▍종족(Type)

휴먼디자인에서는 사람을 5가지 종족으로 나눕니다. 각 종족은 타고난 에너지의 성향과 의사결정 전략이 다릅니다. 에너자이저, 스피드 에너자이저, 혁신주도가, 가이드, 거울. 이 중 내가 어떤 종족인지 알면 어떤 환경에서 힘을 발휘할 수 있는지, 또 내가 자연스럽게 살아가는 방법이 무엇인지 찾을 수 있습니다.

▍사회적 성향(Profile)

사회적 성향은 6가지 라인(Line)의 조합으로 이루어져 총 12가지 유형으로 나뉩니다. 이를 통해 사회 속에서 내가 맡은 역할과, 사람들과 관계를 맺고 성장해 가는 방식을 알 수 있습니다.

▍회로(Circuits)

회로는 내가 세상을 바라보는 근본적인 관점을 보여줍니다. 각 회로는 우리 삶의 가치관과 연결되어 있습니다.

▍채널(Channels)

두 개의 게이트가 연결되면 채널이 형성됩니다. 이 채널은 나만의 뚜렷한 재능과 성향을 상징합니다. 어떤 채널이 연결되어 있느냐에 따라, 나의 고유한 표현 방식이 드러납니다.

▍게이트(Gates)

총 64개의 게이트는 각기 다른 타고난 잠재력과 에너지를 지닌 64개의 유전자 코드입니다. 이 게이트들이 조합되면서 나만의 특별한 색깔이 만들어집니다.

내적 결정권(Authority)

휴먼디자인은 사람마다 타고난 결정의 방식이 다르다고 말합니다. 내게 맞는 결정 방식을 알게 되면, 후회 없는 선택이 가능해집니다.

인카네이션 크로스(Incarnation Cross)

내가 이 세상에 태어난 목적과 방향성, 삶의 주제를 알려주는 요소입니다. 태양과 지구의 위치가 만들어 낸 이 조합은, 내가 가장 자연스럽고 조화롭게 살아갈 수 있는 길을 보여줍니다.

이제 개념은 충분히 준비되었습니다. 지금 바로 나만의 차트를 펼쳐보세요. 그 안에는 당신의 인생 전체를 바꿀 수 있는 비밀이 담겨있습니다.

CHAPTER

1

센터

다 알고 있다고 생각한 나,
아직 다가 아니었다.

CHAPTER 1 센터(Center)

나의 디자인을 구성하고 있는
9가지의 에너지 센터

사람은 태어날 때마다 고유한 에너지 패턴을 가지고 태어나며, 이를 '휴먼디자인 차트'라고 합니다. 이 차트는 내 성향과 에너지가 어떻게 작동하는지를 보여주는 나만의 설계도입니다. 같은 시간과 장소에서 태어나지 않는 한, 모든 사람의 디자인은 다릅니다.

디자인 차트에는 9개의 센터가 있으며, 각 센터는 우리의 생각, 감정, 의사소통, 직관, 활력 등과 연결되어 있습니다. 이 센터들이 어떻게 작동하는지에 따라 우리의 성향과 행동 방식이 달라집니다.

각 센터 안에는 숫자로 표시된 게이트(Gate)가 있습니다. 이 게이트는 우리가 타고난 고유한 성향과 재능을 나타냅니다. 총 64개의 게이트가 있으며, 특정 게이트가 활성화되면 그 성향이 더 강하게 드러납니다.

서로 다른 두 개의 게이트가 연결되면 채널(Channel)이 형성됩니다. 채널이 활성화되면, 특정 센터 간의 에너지가 원활하게 흐르면서 나만의 강점이 더 뚜렷해집니다.

CHAPTER 1 센터(Center)

정의 센터(Defined Center),
미정의 센터(Undefined Center),
오픈 센터(Open Center)

휴먼디자인 차트를 보면, 어떤 센터는 색이 채워져 있고, 어떤 센터는 하얗게 비어있는 경우가 있습니다.

색이 채워진 센터는 정의 센터라 부르고 스스로 에너지를 발산합니다. 하얗게 비어있는 센터는 미정의 센터라 부르고 외부로부터 에너지를 받습니다. 미정의 센터 중에서도 게이트(숫자)가 하나도 없는 경우를 오픈 센터라고 합니다. 센터가 정의되었는지, 미정의되었는지에 따라 에너지를 사용하는 방식과 삶에서 경험하는 패턴이 달라집니다.

<정의>

두 센터를
연결해 주는
정의 채널

정의 센터

항상 일정하게 작동하는 에너지를 가진 센터입니다. 쉽게 말해, 자신만의 성향이나 특징이 뚜렷한 부분입니다. 스스로 에너지를 만들어 내며, 주변 사람들에게도 영향을 줄 수 있습니다.

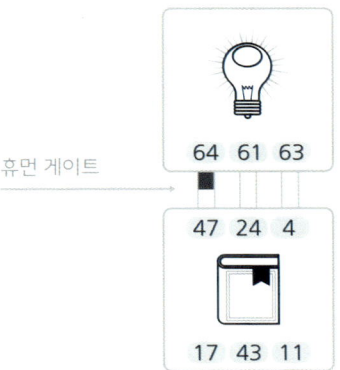

미정의 센터

센터에 한쪽 게이트(숫자)만 있고, 센터와 센터가 연결되지 않은 경우입니다. 혼자 있을 때는 일정한 에너지를 발산하지 않지만, 정의된 센터를 가진 사람과 함께하면 영향을 받아 일시적으로 에너지를 사용할 수 있습니다.

<오픈>

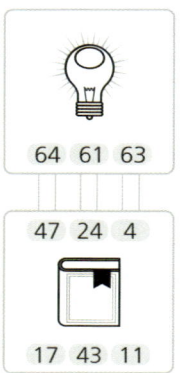

오픈 센터

어떤 게이트(숫자)도 활성화되지 않은 상태입니다. 고정된 에너지가 없어서, 주변 사람이나 환경의 영향을 강하게 받는 특징이 있습니다. 매번 다르게 작용하기 때문에, 다양한 경험을 할 수 있습니다.

정리하면

휴먼디자인에서는 우리의 성향과 에너지를 나타내는 9개의 센터(Center)가 있습니다. 이 센터는 우리가 어떤 에너지를 스스로 만들어 내고(정의 센터), 어떤 에너지를 주변에서 받아들이는지(미정의 센터)를 보여줍니다.

정의된 센터는
안정적으로 작동하며, 내가 언제나 일정하게 가지고 있는 성향이나 능력을 나타냅니다.

미정의된 센터는
주변의 영향을 쉽게 받으며, 내가 지금 처해있는 환경이나 함께하는 사람에 따라 달라질 수 있습니다.

오픈 센터는
특정한 에너지가 정해져 있지 않고, 상황에 따라 크게 변하는 특징이 있습니다.

자신의 디자인 차트를 확인하면, 어떤 부분에서 내가 꾸준히 에너지를 가졌는지, 어디에서 외부의 영향을 더 많이 받는지를 알 수 있습니다.

다음은 각 센터의 특징과 실제 사례를 통해 좀 더 쉽게 이해할 수 있도록 설명하겠습니다.

CHAPTER 1 영감 센터(Head Center)

다양한 영감을
다루는 센터

영감 센터는 새로운 생각과 질문을 떠올리게 하는 역할을 합니다. 우리가 어떤 문제를 고민하거나 새로운 아이디어를 떠올릴 때, 이 센터가 활발하게 작동합니다.

여기에서 떠오른 생각들은 생각 센터에서 정리되고, 표현 센터를 통해 말이나 행동으로 나타나게 됩니다.

영감 센터(Head Center)

키워드	정신적 압박, 의구심, 질문
신체부위	뇌(송과선)
정의/미정의 비율	30% / 70%
게이트	64번, 61번, 63번

CHAPTER 1 영감 센터(Head Center)

영감 센터(Head Center)를 이루는 3가지 흐름

영감 센터는 다양한 생각과 아이디어가 떠오르는 곳으로, 과거, 현재, 미래와 관련된 사고를 담당합니다.

어떤 게이트가 활성화되어 있는가에 따라 떠오르는 생각의 방향과 느끼는 압박감이 달라질 수 있습니다.

64번 게이트 - 혼란
→ 과거를 돌아보며 의미를 찾고 정리하려는 경향이 있습니다.

61번 게이트 - 생각

→ 현재 순간에서 직관적으로 깨달음을 얻고 깊이 사고하려는 성향이 있습니다.

63번 게이트 - 의심

→ 미래를 대비하며 끊임없이 검증하고 의심하는 경향이 있습니다.

CHAPTER 1 영감 센터(Head Center)

영감 센터
정의

디자인 차트에서 영감 센터에 색이 채워져 있다면, 이는 영감 센터가 정의되어 있다는 의미입니다. 이 센터가 활성화된 사람들은 끊임없이 새로운 생각과 질문이 떠오르는 특징을 가지고 있습니다.

자연스럽게 다양한 아이디어를 떠올리고, 주변 사람들에게도 영감을 줄 수 있습니다. 그러나 생각이 계속 이어지면서 머릿속이 복잡해지고, 멈추기 어려운 압박감을 느낄 수도 있습니다.

아이디어가 정리되지 않으면 쉽게 지치게 되므로, 불필요한 고민을 줄이고 생각을 정리하는 방법을 찾는 것이 중요합니다.

<정의>

영감 센터가 건강하게 작동할 때

머릿속에 떠오르는 다양한 생각과 아이디어를 자연스럽게 받아들이고, 그 안에서 창의적인 통찰을 찾아내 주변에 신선한 자극과 영감을 줄 수 있습니다. 억지로 답을 찾으려 하기보다, 떠오르는 생각들을 있는 그대로 관찰하고 흐르게 두는 태도가 중요합니다.

영감 센터가 제대로 작동하지 않을 때

머릿속에 생각이 너무 많아지면서 걱정과 불안이 커질 수 있습니다. 이 불안을 빨리 해결해야 한다는 압박감 때문에, 충분히 고민하지 않고 서두르거나 성급한 결정을 내릴 수 있습니다. 이럴 땐 모든 생각에 휘둘리기보다, 어떤 생각이 진짜 중요한지 가려보는 연습이 도움이 됩니다.

CHAPTER 1 영감 센터(Head Center)

영감 센터
미정의

디자인 차트에서 영감 센터에 색이 없으면, 영감 센터가 미정의된 상태라고 합니다. 영감 센터가 미정의된 사람은 주변의 아이디어와 정보를 쉽게 받아들이지만, 때로는 이를 지나치게 받아들여 머릿속이 복잡해질 수 있습니다. 필요한 정보뿐만 아니라 불필요한 생각까지 흡수하게 되어, 집중이 어렵거나 혼란을 느낄 수도 있습니다.

하지만 이 특성을 잘 활용하면 다양한 관점을 이해하고, 자신에게 꼭 필요한 아이디어만 선별하는 능력을 키울 수 있습니다. 중요한 것은 모든 아이디어를 받아들이는 것이 아니라, 나에게 의미 있는 것만 골라내는 연습을 하는 것입니다.

<미정의>

영감 센터가 건강하게 작동할 때

세상에 대한 호기심을 자연스럽게 받아들이고, 다양한 아이디어를 열린 마음으로 탐색합니다. 많은 정보 중에서 나에게 도움이 되는 것만 선택하고, 긍정적인 영향을 주는 사람을 구별할 수 있습니다.

영감 센터가 제대로 작동하지 않을 때

자신이 해결할 수 없는 문제에 집착해 스트레스를 받을 수 있습니다. 답이 없는 질문을 계속 고민하며 자책하거나 우울해질 수 있습니다. 주변에서 혼란을 주는 사람과 긍정적인 영향을 주는 사람을 구별하는 것이 어려워질 수 있습니다.

EP. 영감 센터 정의

멈추지 않는 생각들,
민수는 왜 이렇게 고민이 많을까?

민수는 머릿속이 늘 아이디어와 질문으로 가득합니다. 어릴 때부터 '이건 왜 이렇지?', '더 좋은 방법은 없을까?'와 같은 생각을 멈추지 않았고, 새로운 개념을 탐구하는 걸 좋아했습니다.

하지만 성인이 된 후, 이런 성향이 부담으로 다가오기 시작했습니다. 회사에서 프로젝트를 맡을 때마다 완벽한 해결책을 찾으려 끊임없이 고민했고, 생각이 많아질수록 결정을 내리기가 더 어려워졌습니다. 결국 실행이 부담스러워지고, 스트레스만 쌓이게 되었습니다.

오늘도 민수는 멈추지 않는 생각들로 머리가 복잡합니다. 계속해서 떠오르는 아이디어 때문에 지쳐버린 민수, 그는 어떤 영향을 받는 걸까요?

민수가 이러한 성향을 보이는 이유는 영감 센터가 정의되어 있기 때문입니다. 영감 센터는 무언가를 이해하고 파악하려는 강한 욕구와 끊임없이 떠오르는 영감을 담당하는 곳입니다. 이 센터가 정의된 사람들은 질문을 던지고 아이디어를 탐구하는 능력이 뛰어나지만, 반대로 생각이 멈추지 않아 과부하 상태에 빠질 수도 있습니다. 또한 끊임없이 질문하고 새로운 아이디어를 떠올리는 경향이 있습니다. 덕분에 창의적이고 통찰력이 뛰어나지만, 반대로 머리가 쉴 틈 없이 돌아가며 과부하 상태에 빠질 수도 있습니다.

머릿속에서 끊임없이 떠오르는 생각은 큰 장점이 될 수 있습니다. 하지만 떠오르는 생각을 전부 고민하기보다, 필요한 것만 선택하는 것이 더 효과적이라는 점을 기억하세요.

영감 센터
정의
솔루션

영감 센터 정의는
정보를 자연스럽게 받아들이는 것이
중요합니다.

영감 센터가 정의된 사람들은 특별히 노력하지 않아도 자연스럽게 정보를 받아들이는 능력을 갖추고 있습니다.

그러나 무언가를 꼭 알아야 한다는 집착이 생기면 오히려 스트레스를 받고 부담을 느낄 수 있습니다.

너무 서두르지 말고, 시간이 지나면서 필요한 정보가 저절로 들어올 수 있다는 점을 믿는 것이 좋습니다. 조급해하지 않고 기다리면 결국 원하는 답을 찾을 수 있을 것입니다.

EP. 영감 센터 미정의

동네방네 다 참견하는
오지랖 넓은 내 친구,
도대체 왜 이러는 걸까?

지민에게는 10년 동안 우정을 쌓아온 친구, 소희가 있습니다. 하지만 요즘 지민이는 소희 때문에 골머리를 앓고 있습니다. 도대체 무슨 일일까요?

소희는 어릴 때부터 주변 사람들의 고민을 그냥 지나치지 못했습니다. 좋게 말하면 배려심이 깊고 남을 잘 돕는 사람이지만, 나쁘게 말하면 지나치게 오지랖이 넓은 편입니다. 친구들이나 지인들의 문제를 자기 일처럼 걱정하고, 해결할 수 없는 일까지 떠안으며 스트레스를 받곤 합니다. 이런 소희를 보며 지민이는 답답함을 느낍니다. '왜 굳이 남의 문제까지 끌어안고 고민하는 걸까?'

소희가 이런 성향을 보이는 이유는 영감 센터가 미정의되어 있기 때문입니다. 영감 센터는 끊임없이 질문을 던지고, 다양한 영감을 받아들이는 역할을 합니다.

하지만 미정의 상태일 경우, 주변의 아이디어와 문제를 걸러내지 못하고 모두 받아들이는 경향이 있습니다.

이에 따라, 자신이 해결할 수 없는 문제에도 깊이 개입하거나 타인의 고민을 자기 일처럼 떠안고 스트레스를 받게 될 가능성이 높습니다.

소희처럼 영감 센터가 미정의된 사람들은 많은 정보를 받아들이고 다양한 관점을 이해하는 능력을 갖추고 있습니다.

하지만 모든 아이디어와 고민을 다 끌어안기보다, 필요한 것만 선별하는 습관을 기르면 더욱 건강하게 이 능력을 활용할 수 있습니다.

영감 센터
미정의
솔루션

영감 센터 미정의는
필요한 생각만 받아들이는 것이
중요합니다.

영감 센터가 미정의된 사람들은 주변에서 얻은 아이디어와 생각을 빠르게 받아들이는 능력이 있습니다. 하지만 다른 사람의 생각이나 나와 상관없는 문제까지 너무 깊이 받아들이면, 불필요한 혼란을 느낄 수 있습니다.

따라서 어떤 생각이 나에게 정말 필요한지, 불필요한지 구별하는 연습이 중요합니다. 쓸데없는 고민을 줄이고, 나에게 의미 있는 것에 집중하는 습관을 들이면 마음이 훨씬 더 편안해질 것입니다.

CHAPTER 1 생각 센터(Ajna Center)

논리와 개념을
체계적으로 정리하는 센터

생각 센터는 머릿속에 떠오른 다양한 아이디어를 정리해 하나의 개념으로 다듬어 주는 역할을 합니다. 영감 센터에서 받은 생각들을 분석하고 논리적으로 정리하는 곳입니다.

이 센터가 어떻게 작동하는지를 이해하면, 생각을 더 명확하게 정리하고 효과적으로 활용할 수 있습니다.

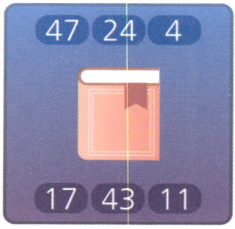 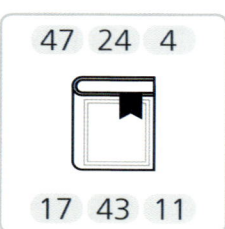

생각 센터(Ajna Center)

키워드	이성, 개념, 이론과 해답
신체부위	뇌(전두엽, 후두엽, 뇌하수체)
정의/미정의 비율	47% / 53%
게이트	47번, 24번, 4번 17번, 43번, 11번

CHAPTER 1 생각 센터(Ajna Center)

생각 센터(Ajna Center)를 이루는 6가지 흐름

생각 센터는 떠오른 아이디어를 정리하고, 개념화하는 역할을 합니다. 이 센터에는 총 6개의 게이트가 있으며, 각 게이트는 사고방식과 정보 처리 방식에 영향을 줍니다.

47번 게이트 – 깨닫기
→ 과거의 일들을 되돌아보며 의미를 찾고, 혼란스러운 상황에서도 교훈을 얻는 능력이 있습니다.

24번 게이트 - 합리화

→ 생각이 갑자기 떠오르거나 사라지는 패턴을 보이며, 어느 순간 갑작스러운 깨달음을 얻는 경우가 많습니다.

4번 게이트 - 공식화

→ 논리적으로 답을 찾는 성향을 보이고, 불확실한 상황에서도 논리를 바탕으로 해답을 찾으려는 경향이 있습니다.

17번 게이트 - 의견

→ 정보를 분석하고 패턴을 찾아 체계적으로 정리하는 능력을 갖춥니다. 생각을 논리적으로 정리하며, 자신의 의견을 조리 있게 설명할 수 있습니다.

43번 게이트 - 통찰

→ 독창적인 아이디어를 떠올릴 수 있고, 기존의 틀을 깨는 새로운 생각을 떠올리며 자신만의 방식으로 표현하는 능력이 있습니다.

11번 게이트 - 아이디어

→ 창의적인 이야기를 전달할 수 있고 다양한 아이디어를 탐구하며, 경험을 이야기로 풀어내는 능력을 갖춥니다.

CHAPTER 1 생각 센터(Ajna Center)

생각 센터
정의

디자인 차트에서 생각 센터에 색이 채워져 있다면, 이는 생각 센터가 정의되어 있다는 의미입니다. 이 센터가 정의된 사람들은 자신만의 사고방식을 가지고 있으며, 논리적으로 생각을 정리하는 경향이 있습니다.

새로운 정보를 받아들일 때 시간이 걸리지만, 일단 정리되면 깊이 있게 이해하고 확신을 가질 수 있습니다. 또한, 생각의 흐름이 일정한 패턴을 가지며, 자신의 의견을 꾸준히 유지하는 특징이 있습니다. 따라서 한 가지 관점을 고수하는 경우가 많고, 새로운 아이디어를 받아들이는 데 다소 시간이 걸릴 수도 있습니다.

<정의>

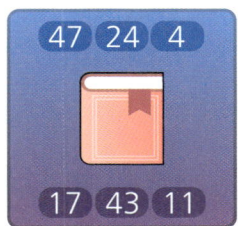

생각 센터가 건강하게 작동할 때

자신만의 생각하는 방식과 기준이 뚜렷합니다. 새로운 정보를 받아들이고 분석하는 것을 즐깁니다. 자신의 취향과 의견이 명확하며, 일관된 사고방식을 유지합니다.

생각 센터가 제대로 작동하지 않을 때

끊임없이 떠오르는 생각에 사로잡혀 머리가 복잡해질 수 있습니다. 무언가를 꼭 알아내야 한다는 압박감 때문에 스트레스를 받을 수 있습니다. 신중하게 결정하기보다 순간적으로 떠오른 생각에 따라 행동할 때가 많습니다. 생각이 바뀔 때마다 결정과 행동도 달라져, 주변에서 일관성이 없다고 느낄 수 있습니다.

CHAPTER 1 생각 센터(Ajna Center)

생각 센터
미정의

디자인 차트에서 생각 센터에 색이 칠해져 있지 않다면, 생각 센터가 미정의된 상태라고 합니다.

생각 센터가 미정의된 사람들은 사고방식이 유연하고, 다양한 관점을 쉽게 받아들이는 특징이 있습니다.

특정한 방식에 얽매이지 않고, 새로운 아이디어와 정보를 자유롭게 흡수하고 변화시킬 수 있습니다.

하지만 생각이 자주 바뀌거나, 주변 사람들의 의견에 쉽게 영향을 받을 수도 있습니다. 또한, 똑똑해 보이거나 일관된 답을 내야 한다는 압박감을 느낄 수도 있습니다.

이런 경우, 모든 정보를 다 받아들이려고 하기보다 나에게 정말 필요한 것만 선택하는 연습이 필요합니다.

또한 자신의 사고방식을 믿고 외부의 생각에 휘둘리지 않도록 균형을 잡는 것이 중요합니다.

<미정의>

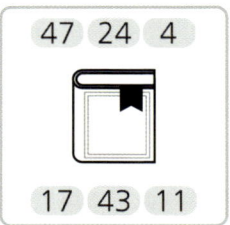

생각 센터가 건강하게 작동할 때

생각이 자연스럽게 흐르고, 다양한 관점과 아이디어를 열린 마음으로 받아들일 수 있습니다. 늘 정답을 말해야 한다는 부담 없이, 생각이 바뀌는 것도 자연스럽게 받아들이며 유연하게 사고할 수 있습니다.

생각 센터가 제대로 작동하지 않을 때

생각이 자주 흔들리기 때문에, 똑똑하고 확신에 찬 사람처럼 보이려 애쓰게 됩니다. 불안함을 감추기 위해 의견을 강하게 주장하거나 아이디어를 과하게 강조하기도 합니다. 떠오른 생각만으로 성급한 결정을 내리거나, 자신이 옳음을 증명하려 애쓰는 태도가 나타날 수 있습니다.

EP. 생각 센터 정의

고집인가 확신인가?
승현이의 사고방식

승현이는 어릴 때부터 논리적으로 사고하는 걸 좋아했습니다. 문제를 해결할 때도 항상 체계적인 방법을 찾았고, 명확한 답이 나와야만 마음이 편했습니다. 친구들은 그의 분석적 사고를 높이 평가했지만, 때때로 승현이가 너무 완고하다고 느끼기도 했습니다.

어느 날, 승현이는 회사에서 새로운 프로젝트를 맡게 되었습니다. 팀원들은 여러 아이디어를 제안했지만, 승현이는 자신의 논리적 판단이 옳다고 확신했습니다. 그는 새로운 의견을 받아들이기보다 자신의 방식대로 진행하려 했고, 다른 사람들의 생각이 비효율적이라고 여겼습니다. 하지만 프로젝트가 예상과 다르게 흘러가면서 승현이는 점점 더 불안해졌습니다.

'내가 틀릴 리 없어. 논리적으로 생각하면 이 방법이 맞아. 그런데 왜 결과가 기대와 다르지?'

승현이는 자기 생각이 틀릴 수도 있다는 사실을 인정하기 어려웠습니다. 오히려 더 많은 논리를 쌓아가며 자신을 이해시키려 했고, 이 과정에서 생각이 꼬리를 물며 복잡해졌습니다. 결국 그는 결정을 내리는 데 오랜 시간이 걸렸고, 주변에서는 그가 너무 고집스럽다고 느꼈습니다.

생각 센터가 정의된 사람들은 논리적이고 일관된 사고방식을 가지지만, 이것이 지나치면 자신의 사고방식이 맞다고 고집하며 새로운 의견을 받아들이기 어려워질 수 있습니다.

승현이가 자신의 사고 패턴을 이해하고 새로운 관점을 받아들이는 연습을 한다면, 보다 효과적으로 문제를 해결할 수 있을 것입니다.

생각 센터
정의
솔루션

생각이 흔들릴 땐
내 입장을 차분히 정리해 보세요.

생각 센터가 정의된 사람들은 스스로 답을 찾는 과정에서 즐거움을 느끼며 자기 생각과 의견이 뚜렷한 편입니다.

하지만 만약 내 생각이나 취향이 자주 바뀐다면, 다른 사람의 영향을 받은 것일 수도 있습니다.

의견을 표현할 때 이 생각이 정말 나의 확고한 신념인지, 아니면 주변 사람들의 의견에 휘둘린 것은 아닌지 점검해 보는 것이 중요합니다.

EP. 생각 센터 미정의

모든 의견이 맞다면,
나는 어떻게 결정해야 할까?

찬호는 주변 사람들의 이야기를 잘 들어주고 다양한 의견을 받아들이는 열린 사고방식을 가진 사람이었습니다. 친구들은 찬호가 다양한 관점을 이해하는 능력이 뛰어나다며 칭찬했지만, 정작 찬호는 자기 생각을 확신하는 것이 어려웠습니다.

어느 날, 찬호는 직장에서 새로운 프로젝트를 맡게 되었습니다. 회의 중에 팀원들이 각자 다른 의견을 내놓았고, 찬호는 모든 의견이 나름의 타당성이 있다고 느꼈습니다. 그러나 문제는 '어떤 것이 가장 좋은 방법인지 결정해야 한다는 것'이었습니다.

'A 팀장의 의견도 맞는 것 같고, B 대리님이 말한 것도 일리가 있어… 그런데 C 팀원의 의견도 좋은데?'

찬호는 여러 사람의 의견을 받아들이는 과정에서 자신의 입장을 정하기 어려웠고, 결국 아무런 결론도 내리지 못한 채 우왕좌왕하게 되었습니다. 프로젝트의 마감일이 다가왔지만, 찬호는 여전히 '어떤 방향이 맞을까?' 고민하며 결정을 내리지 못했습니다.

생각 센터가 미정의된 사람들은 주변의 다양한 생각을 유연하게 받아들이지만, 이것이 지나치면 주변 사람들의 의견을 모두 받아들이느라 자기 생각을 확립하기 어려울 수 있습니다.

찬호가 자신의 사고 패턴을 이해하고 선택의 기준을 세우는 연습을 한다면, 보다 명확하게 자신의 의견을 정리하고 결정을 내릴 수 있을 것입니다.

생각 센터
미정의
솔루션

정보를
자연스럽게 받아들이는 것이
중요합니다.

생각 센터가 미정의된 사람들은 새로운 정보를 받아들이면서 다양한 시각으로 생각할 수 있는 능력이 있습니다.

하지만 자신의 자유로운 사고방식과 창의적인 아이디어를 믿는 연습이 필요합니다.

때때로 자기 생각이 논리적이지 않거나 일관성이 없다고 느껴질 수 있지만, 남들에게 어떻게 보일지를 걱정하기보다, 자신만의 방식으로 사고하는 능력을 인정하고 활용하는 것이 중요합니다.

CHAPTER 1 표현 센터(Throat Center)

말과 행동으로
소통하는 센터

표현 센터는 말과 행동을 통해 생각과 감정을 전달하는 역할을 합니다. 이 센터는 소통의 중심으로, 말하는 방식과 자기 표현 스타일에 영향을 줍니다.

표현 센터의 작동 방식에 따라 의사소통 스타일이 달라질 수 있으며, 이를 이해하면 더 자연스럽고 효과적으로 소통할 수 있습니다.

 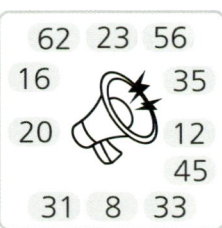

표현 센터(Throat Center)

키워드	소통, 현시, 물질화
신체부위	목(갑상선, 부갑상선, 신진대사)
정의/미정의 비율	72% / 28%
게이트	20번, 16번, 31번, 8번, 33번, 35번, 12번, 45번, 62번, 23번, 56번

CHAPTER 1 표현 센터(Throat Center)

표현 센터(Throat Center)를 이루는 11가지 흐름

표현 센터는 우리가 어떻게 말하고 어떤 행동을 통해 자신을 표현하는지를 보여주는 센터입니다. 게이트마다 표현하는 방식이 다르며, 특정한 주제나 방향으로 말하고 행동하는 경향이 있습니다.

20번 게이트 – 지금
→ 현재 순간에 집중해서 즉흥적으로 말하거나 행동하는 경향이 있습니다. 미리 계획하기보다는 순간적인 직감과 반응에 따라 표현하는 특징이 있습니다.

16번 게이트 - 열의

→ 배운 것을 말로 잘 설명하는 능력이 뛰어납니다. 반복적인 연습을 통해 익숙해진 기술이나 지식을 사람들에게 공유하는 것을 좋아합니다.

31번 게이트 - 영향력

→ 조직을 관리하는 능력이 있고, 말과 행동으로 영향력을 끼치는 경향이 있습니다. 리더십을 발휘하며 타인을 이끄는 역할을 자주 맡습니다.

8번 게이트 - 공헌

→ 기존의 틀에서 벗어나 새로운 아이디어를 제시하고, 독창적인 방식으로 말하는 능력이 있습니다. 사람들에게 새로운 시각과 영감을 주는 역할을 합니다.

33번 게이트 - 성장
→ 과거의 경험을 바탕으로 배운 점을 공유하는 성향이 있습니다. 즉흥적으로 말하지 않고 조용히 관찰하다가, 적절한 순간에 중요한 이야기를 전하는 스타일입니다.

35번 게이트 - 진보
→ 새로운 경험을 좋아하고, 다양한 시도를 하며 이를 바탕으로 이야기하는 것을 즐깁니다. 변화를 추구하고, 자신의 경험을 공유하는 성향이 강합니다.

12번 게이트 - 조심성
→ 감정을 담아 진정성 있게 말하는 특징이 있습니다. 쉽게 말하기보다 신중하게 표현하려는 경향이 있으며, 필요할 때만 말하는 스타일입니다.

45번 게이트 - 콜렉터
→ 자신이 가진 자원(돈, 정보, 지식 등)을 관리하고 공유하는 역할을 합니다. 조직을 운영하거나 경제적인 부분을 다루며, 이를 통해 영향력을 행사하려 합니다.

62번 게이트 - 실증적
→ 정보를 정확하고 논리적으로 전달하는 능력이 뛰어납니다. 사실과 데이터를 기반으로 설명하는 것을 좋아하며, 정리된 표현 방식을 선호합니다.

23번 게이트 - 설명하기
→ 복잡한 내용을 쉽게 풀어 설명하는 능력이 있습니다. 하지만 말이 너무 직설적이거나 짧을 경우, 상대방이 오해할 수도 있습니다.

56번 게이트 - 자극
→ 경험을 이야기로 풀어내는 능력이 뛰어나며, 듣는 사람이 흥미를 느낄 수 있도록 말하는 스타일입니다. 사람들에게 새로운 시각과 영감을 주는 역할을 합니다.

CHAPTER 1 표현 센터(Throat Center)

표현 센터
정의

디자인 차트에서 표현 센터에 색이 채워져 있다면, 이는 표현 센터가 정의되어 있다는 의미입니다.

표현 센터가 정의된 사람들은 자신만의 말하는 스타일이 분명하고, 생각이나 감정을 자연스럽게 표현하는 능력이 뛰어납니다. 특정한 방식으로 의견을 전달하는 경향이 있으며, 말과 행동이 주변 사람들에게 영향을 주기도 합니다.

하지만 자신의 말하는 방식이 고정되어 있어, 때때로 상황에 맞게 유연하게 소통하는 것이 어려울 수도 있습니다. 따라서 상대방의 반응을 살피고, 상황에 맞춰 조율하며 대화하는 연습이 필요합니다.

<정의>

표현 센터가 건강하게 작동할 때

자신만의 말하는 스타일이 분명하며, 언제 어떤 말을 해야 할지 자연스럽게 파악할 수 있습니다. 자기 생각과 감정을 솔직하게 표현하며, 말과 행동이 조화를 이루어 주변 사람들에게 신뢰감을 줍니다.

표현 센터가 제대로 작동하지 않을 때

주변 사람들의 반응을 지나치게 의식하면, 자연스럽게 말하기 어려워지고 말하는 것 자체가 부담스럽게 느껴질 수 있습니다. 이에 따라 적절한 시기를 놓치거나, 불필요한 말을 덧붙이게 되어 오히려 신뢰를 얻기 어려울 수도 있습니다.

CHAPTER 1 표현 센터(Throat Center)

표현 센터
미정의

디자인 차트에서 표현 센터에 색이 채워져 있지 않다면, 이는 표현 센터가 미정의되어 있다는 의미입니다.

표현 센터가 미정의된 사람들은 말하는 방식이 일정하지 않고, 주변 환경과 상황에 따라 표현 방식이 달라질 수 있습니다.

즉흥적으로 말을 하기보다는, 누군가 질문을 하거나 말할 기회가 주어졌을 때 더 자연스럽게 표현하는 경향이 있습니다.

하지만 '지금 당장 말을 해야 한다'라는 부담을 느끼면, 필요하지 않은 말을 덧붙이거나 지나치게 말하게 될 수도 있습니다.

또한, 주변 사람들의 말투나 표현 방식을 쉽게 따라 하므로, 상황에 따라 말하는 스타일이 달라 보일 수 있습니다.

자신만의 자연스러운 표현 방식을 찾고 편안하게 말하는 연습을 하면 보다 안정적인 소통이 가능해집니다.

<미정의>

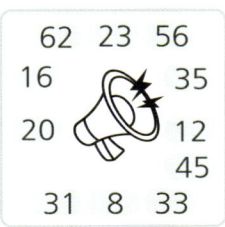

표현 센터가 건강하게 작동할 때

굳이 말해야 한다는 부담을 느끼지 않고 조용한 순간에도 편안함을 느낄 수 있습니다. 말을 많이 해야 한다는 압박에서 벗어나, 꼭 필요한 순간에만 말해도 충분히 소통할 수 있다는 것을 이해하게 됩니다.

표현 센터가 제대로 작동하지 않을 때

말을 해야 한다는 압박감에 사로잡혀, 상대의 눈치와 분위기를 살피느라 언제 말을 꺼내야 할지 망설이게 됩니다. 그러다 적절한 순간을 놓쳐 결국 표현하지 못하고, 마음속에만 담아두었다가 후회하는 상황이 생기기도 합니다.

EP. 표현 센터 정의

좋은 발표란
'말하는 것'이 아니라
'전달하는 것'

정우는 발표할 때 항상 자신만의 방식으로 말해야 한다고 생각했습니다. 그는 특정한 형식과 스타일로 설명하는 것이 가장 효과적이라고 믿었고, 평소에도 자신의 방식대로 이야기하는 데 익숙했습니다. 말에 대해 뚜렷한 기준을 가지고 있던 정우는, 상대방이 자신의 말을 이해하지 못하면 '내 말을 제대로 들으려 하지 않아서 그렇다'고 생각하곤 했습니다.

어느 날, 정우는 팀 발표를 맡게 되었고, 동료들은 핵심만 간결하고 직관적으로 전달해 주길 원했습니다. 하지만 정우는 끝까지 자신의 방식대로 발표를 진행했고, 발표가 끝난 후 동료들은 "설명이 길긴 한데, 결국 핵심이 뭐야?"라며 아쉬운 반응을 보였습니다.

정우는 자기 말이 제대로 전달되지 않았다는 사실에 당황했지만, 어디서부터 잘못된 건지 감을 잡지 못했습니다.

이런 상황이 반복되는 이유는 정우의 표현 센터가 정의되어 있기 때문입니다. 표현 센터가 정의된 사람들은 자신만의 말하는 스타일이 확고하고, 특정한 방식으로 설명하는 것이 익숙합니다. 하지만 이 확고함이 유연성을 떨어뜨려 상대방의 이해 방식이나 기대에 맞춰 말하는 데 어려움을 겪을 수 있습니다.

자기 생각을 더 효과적으로 전달하고 싶다면, 나의 방식만 고집하기보다는 듣는 사람으로서 어떤 표현이 더 이해하기 쉬운지를 고민하는 것이 중요합니다. 말은 전달이 되어야 진짜 의미를 갖습니다. 때로는 나의 스타일을 잠시 내려놓고, 상대방이 더 편하게 받아들일 수 있는 방식으로 소통하려는 노력이 필요합니다.

표현 센터
정의
솔루션

말하는 것이 중요한 게 아닌, 대화의 흐름을 파악해 보세요.

표현 센터가 정의된 사람들은 대화에서 중심이 되려 하기보다, 먼저 분위기와 흐름을 파악하는 연습이 필요합니다. 언제 말을 해야 할지, 어떤 말을 하면 좋을지를 기다릴 줄 알게 되면 자연스럽게 대화의 흐름을 읽고 적절한 시기를 잡는 능력이 길러집니다.

또한, 말할 때 불필요한 에너지를 소모하거나 너무 성급하게 이야기하지 않도록 신경 쓰는 것도 중요합니다.

이러한 연습이 쌓이면 주변 사람들도 나의 말을 더 편안하게 받아들이고, 나 역시 대화 속에서 자연스럽게 소통하는 즐거움을 느낄 수 있을 것입니다.

EP. 표현 센터 미정의

말하는 것도
'타이밍'이 중요하다!

친구들과 오랜만에 만난 민영이는 신나서 그동안 있었던 일들을 들려주려고 합니다. 각자 이야기를 나누는 시간이 되고, 드디어 민영이도 재밌는 에피소드를 공유하기 시작합니다.

하지만 예상과는 달리 친구들의 반응이 미지근합니다. 다른 친구들이 이야기할 때는 웃고 반응을 해주던 것과 달리, 민영이의 말에는 별다른 반응이 없습니다.

집으로 돌아오는 길, 민영이는 '괜히 말했나….' 하며 자책합니다. 혹시 말솜씨가 부족했던 걸까요? 아니면 너무 말을 많이 했던 걸까요?

민영이가 이런 성향을 보이는 이유는 표현 센터가 미정의되어 있기 때문입니다. 표현 센터가 미정의된 경우, 말할 타이밍을 잘 잡지 못하거나, 말해야 할 것 같은 압박을 느껴 의욕만 앞서게 될 수 있습니다.

이럴 때는 말하기 전에 '지금 꼭 이 말을 해야 할까?' 한 번 생각해 보는 것이 좋습니다.

말해야 한다는 부담감이 들 때, 그것이 정말 자연스러운 흐름인지 아니면 단순한 압박감 때문인지 구별하는 것이 중요합니다.

또한, 말할 때 논리적으로 정리하기 어렵거나, 즉흥적으로 말하게 되는 경우도 많습니다. 하지만 너무 걱정하지 않아도 됩니다. 나에게 맞는 표현 방식을 이해하고, 적절한 상황에서 자연스럽게 말하는 연습을 하면 점점 대화의 흐름이 달라지는 것을 느낄 수 있을 것입니다.

말하는 사람도, 듣는 사람도 편안한 대화가 오가는 것이 가장 중요합니다. 그러니 자신이 어떻게 말할 때 자연스러운지 고민하고 연습해 보시길 바랍니다.

표현 센터
미정의
솔루션

침묵하는 순간도
결코 나쁜 것이 아닙니다.

표현 센터가 미정의된 사람들은 주변의 압박이나 말하고 싶은 충동을 참지 못해 무작정 말을 하기보다는, 누군가 나의 의견을 물어보거나 자연스럽게 발언할 기회가 주어졌을 때 말하는 것이 더 효과적입니다.

이렇게 하면 부담 없이 편안하게 말할 수 있고, 자기 생각을 더욱 잘 전달할 수 있습니다. 또한, 말할 타이밍을 잘 활용하면 내가 가진 표현력과 말솜씨를 더 돋보이게 만들 수 있습니다.

하지만 단순히 주목받기 위해 말을 하거나, 확신 없는 이야기를 하면 오히려 신뢰를 떨어뜨릴 수 있으니 주의하는 것이 좋습니다.

CHAPTER 1 방향 센터(G Center)

내면의 나침반이
되어주는 센터

방향 센터는 휴먼디자인에서 '나는 누구인가?', '어떻게 살아가야 할까?'를 느끼게 해주는 센터입니다.

이 센터는 나의 정체성과 삶의 방향, 그리고 사랑을 주고받는 방식과 깊이 관련되어 있습니다. 내가 어떤 사람인지, 어떤 환경에서 편안함을 느끼는지, 어떤 길을 가고 싶은지를 보여줍니다.

쉽게 말해, 이 센터는 '나다움'을 느끼고 표현하게 해주는 나침반 같은 역할을 합니다. 그래서 이 방향 센터가 어떤 상태인지에 따라, 삶의 방향에 대한 감각이 또렷하거나 유동적일 수 있습니다.

 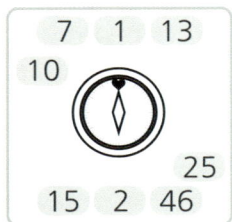

방향 센터(G Center)

키워드	정체성, 방향성, 사랑
신체부위	간, 혈액
정의/미정의 비율	57% / 43%
게이트	1번, 2번, 7번, 10번, 13번, 15번, 25번, 46번

CHAPTER 1 방향 센터(G Center)

방향 센터(G Center)를
이루는 8가지 흐름

휴먼디자인에서 방향 센터는 정체성, 방향성, 사랑을 상징하는 중심입니다. 여기에 연결된 게이트들은 우리가 세상 속에서 어떻게 자신을 표현하고, 어디로 나아가며, 어떤 방식으로 사랑을 느끼고 주는지에 대한 힌트를 줍니다.

1번 게이트 – 자기표현

→ 나만의 방식으로 자신을 표현하고 싶어 하는 게이트입니다. 자신만의 감각과 스타일을 세상에 보여주고 싶은 욕구가 강하게 작용합니다.

2번 게이트 - 나의 길

→ 어디로 가야 할지를 본능적으로 아는 게이트입니다. 자기만의 방향성이 뚜렷하며, 그 방향을 따라 자연스럽게 앞으로 나아가려는 성향을 지닙니다.

7번 게이트 - 리더십

→ 함께 나아갈 길을 제시하는 리더의 게이트입니다. 집단 안에서 '우리가 어디로 가야 할까?'를 고민하며, 자연스럽게 방향을 이끄는 역할을 합니다.

10번 게이트 - 행동가

→ 있는 그대로의 자신을 살아가고자 하는 게이트입니다. '나는 나답게 살고 싶다'라는 마음이 강하게 작용하며, 개성과 자아 존중을 중요하게 여깁니다.

13번 게이트 - 듣는 자

→ 타인의 이야기를 잘 듣고 이해하는 게이트입니다. 다른 사람들의 속마음에 귀 기울이며 깊이 공감할 수 있는 능력을 지녔습니다. 그래서 많은 이들이 신뢰를 갖고 마음을 터놓습니다.

15번 게이트 - 변화

→ 다양한 삶의 리듬을 받아들이는 게이트입니다. 일정한 패턴보다 변화와 다양성이 있는 일상을 더 편안하게 느끼며, 유연한 흐름을 즐깁니다.

25번 게이트 - 순수성

→ 조건 없이 사랑하려는 마음이 담긴 게이트입니다. 있는 그대로의 세상과 사람을 포용하고자 하는 따뜻하고 순수한 마음을 지니고 있습니다.

46번 게이트 - 결의

→ 몸을 통해 삶을 경험하고 즐기는 게이트입니다. 직접 몸으로 느끼고 체험하는 것을 통해 기쁨을 느끼며, 감각적인 활동에서 삶의 만족을 찾는 성향을 지닙니다.

CHAPTER 1 방향 센터(G Center)

방향 센터
정의

디자인 차트에서 방향 센터에 색이 채워져 있다면, 이는 방향 센터가 정의되어 있다는 의미입니다.

방향 센터가 정의된 사람들은 '나는 어떤 사람인지', '어떤 삶을 살고 싶은지'에 대한 감각이 비교적 뚜렷한 편입니다. 자기만의 스타일이나 삶의 방향이 명확해서, 스스로 정한 길을 따를 때 마음이 안정되고 편안함을 느낍니다.

하지만 이런 확고함이 너무 강해지면, 변화에 유연하게 대처하지 못하거나 다른 사람의 관점을 쉽게 받아들이지 못하는 경우도 생길 수 있습니다.

<정의>

방향 센터가 건강하게 작동할 때

자신만의 뚜렷한 삶의 방향을 가지고 있습니다. 주변 사람들에게도 '이 방향이 맞아'라는 확신을 나누며 안심을 주는 편입니다. 자신이 느끼는 사랑, 정체성, 삶의 길에 대해 편안함과 안정감을 느낍니다.

방향 센터가 제대로 작동하지 않을 때

자신의 방향에 대한 확신이 부족해, 이것저것 시도하다 보니 에너지를 쉽게 소모하게 됩니다. 아무도 요청하지 않았는데도, 스스로 앞장서서 사람들을 이끌려는 경향이 나타납니다.

CHAPTER 1 방향 센터(G Center)

방향 센터
미정의

디자인 차트에서 방향 센터에 색이 채워져 있지 않다면, 이는 방향 센터가 미정의되어 있다는 의미입니다.

방향 센터가 정의되지 않은 사람들은 '나는 어떤 사람이지?', '어디로 가야 하지?' 같은 질문에 쉽게 확신을 가지기 어렵습니다.

그래서 함께 있는 사람이나 상황에 따라 말투, 취향, 행동 스타일이 자주 바뀔 수 있습니다. 누군가와 함께 있을 땐 괜찮지만, 혼자 있을 때는 공허함이나 혼란을 느끼기도 합니다.

하지만 이런 성향은 다양한 경험을 받아들이고, 환경에 잘 적응하는 능력으로도 이어집니다. 중요한 것은 다른 사람의 기준에 휘둘리기보다, 나에게 진짜 어울리는 모습과 삶의 방향을 천천히 찾아가는 것입니다.

<미정의>

방향 센터가 건강하게 작동할 때

자신이 어떤 사람들과 있을 때 가장 편안한지에 대한 감각이 뚜렷해집니다. 정체성을 억지로 고정하려 하기보다, 상황에 따라 다양하게 변화할 수 있다는 사실을 인정하게 됩니다. 주변 사람들의 방향과 정체성을 비춰주며, 그 흐름 속에서 다양한 가치관을 가진 사람들과 함께 어울리고 삶을 즐길 여유를 갖게 됩니다.

방향 센터가 제대로 작동하지 않을 때

'나는 누구일까, 어디로 가야 할까'에 대한 불안이 커져 쉽게 흔들리게 됩니다. 자신의 방향을 찾지 못해 여기저기 기웃거리며 에너지를 많이 쓰게 됩니다. 또한 누가 바라지 않았는데도 스스로 무언가가 되어야 한다는 압박을 느끼며, 억지로 역할을 만들려 하기도 합니다.

EP. 방향 센터 정의

내 방식이
항상 정답일까?

유진이는 어릴 때부터 자기만의 스타일과 생각이 매우 뚜렷한 사람이었습니다. 옷을 고를 때도, 취미를 정할 때도, 사람을 만날 때도 늘 자신의 기준에 따라 행동했고, 주변의 조언이나 유행에 쉽게 흔들리지 않았습니다. "나는 내 길을 가는 사람이야"라는 말이 유진이의 삶을 대변하는 문장이었습니다. 이런 확고한 태도 덕분에 유진이는 개성이 강하고 소신 있는 사람이라는 인정을 받았고, 그런 자신을 스스로 자랑스럽게 여겼습니다.

하지만 시간이 지나면서 유진이는 점점 주변 사람들과 마찰을 겪게 되었습니다. 어느 날, 친구들과 여행 계획을 세우는 자리에서 유진이는 자신이 원하는 방식대로 일정을 정리하려 했습니다.

"이렇게 해야 제일 좋아. 다른 건 나랑 안 맞아"라며 자신의 의견을 강하게 주장했고, 친구들은 점점 말을 아끼기 시작했습니다. 결국 "그냥 유진이가 하자는 대로 하자"는 말이 나왔고, 이후 사람들은 유진이와 함께 여행을 계획하는 걸 꺼리게 되었습니다.

유진이가 이런 상황을 반복해서 겪는 이유는 방향 센터가 정의되어 있기 때문입니다. 방향 센터가 정의된 사람들은 자신의 정체성과 가치관이 매우 뚜렷하고, 삶의 방향에 대한 감각이 명확합니다. 하지만 이런 성향이 너무 강해지면, 다른 사람의 의견이나 새로운 방법을 받아들이기 어려워지고, 고집이 세다는 인상을 줄 수 있습니다.

자신의 개성과 방향성을 지키는 것은 분명 소중한 일이지만, 때로는 주변의 이야기에 귀를 기울이고, 다르게 생각해 보려는 유연함도 필요합니다.

방향 센터
정의
솔루션

방향이 여전히
나에게 의미 있는지
점검해 보는 것이 중요합니다.

방향 센터가 정의된 사람들은 자신이 가고자 하는 길이 뚜렷하고, 목표를 정하면 쉽게 흔들리지 않습니다. 삶의 방향이나 이상형이 자주 바뀌지 않고, 꾸준히 한 가지 목표를 향해 나아가는 성향이 강합니다.

하지만 오랜 시간 같은 목표를 추구하다 보면, 어느 순간 회의감이 들거나 지루함을 느낄 수도 있습니다. 이런 고민과 걱정이 쌓이면 목표를 놓아버리고 싶어질 수도 있습니다.

그러므로 가끔은 자신의 방향성을 점검하며, 지금 가고 있는 길이 나에게 여전히 의미 있는지 돌아보는 것이 중요합니다.

EP. 방향 센터 미정의

모든 게 나 같은데,
정작 나는 없는 느낌

지원이는 다양한 사람들과 어울리는 걸 좋아했습니다. 새로운 친구를 만나면 자연스럽게 그들의 취향과 관심사에 영향을 받았고, 어느새 스타일이나 말투까지 따라 하게 되는 일이 많았습니다. 음악을 좋아하는 친구를 만나면 인디 밴드 공연에 빠졌다가, 운동을 즐기는 친구를 만나면 러닝에 도전하며 건강한 삶을 추구하기도 했습니다.

처음엔 이렇게 다양한 경험이 재미있고 새로웠지만, 시간이 지나자 지원이는 점점 혼란스러워졌습니다. '나는 진짜 뭘 좋아하는 사람일까?' 친구들과 함께 있을 땐 즐거운데, 혼자 있을 땐 뭘 해야 할지 모르겠고, 공허한 느낌이 들었습니다.

어느 날 친구들과 이야기하다가 자기 생각을 말하려 했지만, 막상 어떤 말을 해야 할지 떠오르지 않았습니다. 평소 다른 사람의 의견에 잘 맞춰왔던 탓에, 정작 자기 생각이 뭔지 확신할 수 없었습니다. 그제야 지원이는 '내가 진짜 원하는 게 뭘까?'라는 고민을 처음으로 하게 되었습니다.

지원이가 이렇게 주변 환경에 쉽게 영향을 받는 이유는 방향 센터가 미정의되어 있기 때문입니다. 이 센터가 미정의된 사람들은 주변 사람의 성격이나 분위기에 쉽게 영향을 받아, 자신의 스타일이나 정체성을 찾는 데 어려움을 느낄 수 있습니다.

하지만 이것은 단점만은 아닙니다. 다양한 사람과 경험을 통해 폭넓게 성장할 수 있다는 장점도 있습니다. 다만, 그 안에서 나만의 기준이나 가치관을 조금씩 찾아가려는 노력이 필요합니다. 외부의 영향 속에서도 '나는 어떤 사람인지' 스스로 탐색하는 과정이, 진짜 나다운 삶을 만들어 가는 첫걸음입니다.

방향 센터
미정의
솔루션

다양한 환경과 사람 속에서 경험을 쌓아보세요.

방향 센터가 미정의된 사람들 어떤 장소나 사람이 자신에게 긍정적인 영향을 주는지 구별할 수 있는 능력을 가지고 있습니다. 하지만 때때로 '나는 누구일까?', '어떤 삶을 살아야 할까?', '무엇을 해야 하지?' 같은 고민이 몰려올 수도 있습니다.

이럴 때는 잠시 멈춰, 스스로에게 너무 큰 부담을 주지 않는 것이 중요합니다. 자신의 정체성이나 인생 목표를 찾기 위해 지나치게 애쓰면, 원하는 결과를 얻지 못했을 때 실망과 자책이 쌓일 수 있습니다.

너무 구체적인 목표에 집착하기보다, 좋은 환경과 좋은 사람들과 함께하며 다양한 경험을 쌓아가다 보면 자연스럽게 자신만의 길을 찾을 수 있을 것입니다.

CHAPTER 1 에고 센터(Ego Center)

의지와 자존감을
보여주는 센터

에고 센터는 휴먼디자인에서 개인의 의지, 자존감, 열정, 물질적인 욕구와 관련된 에너지 센터입니다.

작지만 강력한 힘을 지닌 이 센터는 자신의 가치를 어떻게 느끼는지, 어떤 방식으로 자신을 증명하려 하는지, 그리고 물질적인 성공이나 목표를 어떻게 추구하는지를 보여줍니다.

이 센터가 정의되어 있는지에 따라, 자기 자신에 대한 믿음과 행동 방식이 달라질 수 있습니다. 즉, 자존감과 의지력이 스스로에게서 오는지, 아니면 타인의 영향에 따라 쉽게 흔들리는지를 파악할 수 있는 중요한 기준이 됩니다.

에고 센터(Ego Center)

키워드	의지력, 물질 세계
신체부위	위장, 심장
정의/미정의 비율	37% / 63%
게이트	21번, 26번, 40번, 51번

CHAPTER 1 에고 센터(Ego Center)

에고 센터(Ego Center)를
이루는 4가지 흐름

휴먼디자인에서 에고 센터는 의지력, 자존감, 열정, 그리고 물질적인 욕구와 관련된 에너지 센터입니다. 이 센터에 연결된 게이트들은 내가 얼마나 자신을 가치 있게 여기고, 얼마나 의지를 가지고 무언가를 해내려 하며, 물질적인 성공을 어떻게 바라보는지, 그리고 약속을 어떻게 지키려 하는지를 보여줍니다.

21번 게이트 – 통제광

→ 통제와 자원 관리의 게이트입니다. 이 게이트는 자원을 직접 관리하고 통제하려는 성향을 보입니다. 물질적인 안정과 효율적인 운영에 관심이 많으며, 내가 주도권을 쥘 때 편안함을 느낍니다.

26번 게이트 - 영업능력

→ 영향력과 설득의 게이트입니다. 이 게이트는 진실을 바탕으로 사람들을 설득하고, 영향력을 발휘하는 능력과 관련이 있습니다. 말을 잘하고 거래를 하는 능력이 뛰어납니다.

40번 게이트 - 홀로 있기

→ 헌신과 고립의 게이트입니다. 이 게이트는 가족이나 공동체를 위해 책임을 다하려는 마음이 강합니다. 헌신적인 만큼 혼자만의 시간도 필요하며, 진심 어린 노력에 대한 보상을 중요하게 생각합니다.

51번 게이트 - 최고지향

→ 충격과 용기의 게이트입니다. 이 게이트는 도전과 경쟁을 통해 성장하려는 에너지를 가지고 있습니다. 때로는 강렬한 인상이나 자극을 통해 다른 사람을 깨어나게 할 수 있으며, 용기와 리더십을 보여주는 역할을 합니다.

CHAPTER 1 에고 센터(Ego Center)

에고 센터
정의

디자인 차트에서 에고 센터에 색이 채워져 있다면, 이는 에고 센터가 정의되어 있다는 의미입니다.

에고 센터가 정의된 사람은 자신의 의지나 자존감이 비교적 흔들림 없이 안정적으로 유지되는 편입니다. 자신의 가치를 스스로 잘 알고 있고, 어떤 목표를 정하면 끝까지 해내려는 힘이 있습니다.

이런 사람들은 약속을 쉽게 하지 않지만, 한 번 마음을 정하면 책임감 있게 행동하는 경향이 있습니다.

<정의>

에고 센터가 건강하게 작동할 때

약속이나 계약, 흥정 같은 일들을 자신만의 방식으로 안정감 있게 처리할 수 있습니다. 무언가를 해내는 힘이 강하고, 일하는 과정이나 목표를 이루는 걸 즐깁니다. 자신의 능력을 억지로 드러내려 하지 않고, 자연스럽게 자신감을 표현할 줄 아는 사람입니다.

에고 센터가 제대로 작동하지 않을 때

자신의 가치를 지나치게 증명하려 하거나, 남들에게 인정받고 싶어지는 마음이 커질 수 있습니다. 그래서 자신과 다른 사람을 비교하게 되고, '왜 나처럼 못해?' 같은 태도로 상대를 판단하거나 기대치가 높아지기도 합니다. 이런 경우에는 자신을 더 강하게 보이려는 경향이 나타날 수 있습니다.

CHAPTER 1 에고 센터(Ego Center)

에고 센터
미정의

디자인 차트에서 에고 센터에 색이 채워져 있지 않다면, 이는 에고 센터가 미정의되어 있다는 의미입니다.

에고 센터가 미정의된 사람은 자신의 의지나 자존감이 상황에 따라 달라지고, 다른 사람의 말이나 반응에 쉽게 영향을 받을 수 있습니다.

그래서 자신의 가치를 증명하려고 무리하거나, 남의 기대에 맞추기 위해 너무 많은 약속이나 책임을 떠안는 경우가 생기기도 합니다. 이런 사람에게는 남의 평가보다, 자신을 있는 그대로 인정하는 연습이 무엇보다 중요합니다.

<미정의>

에고 센터가 건강하게 작동할 때

굳이 자신을 증명하지 않아도 이미 충분히 가치 있는 사람임을 스스로 알고 있습니다. 자신의 능력을 과하게 드러내려 하지 않고, 지킬 수 있는 약속만 신중하게 하는 태도를 지니고 있습니다. 남의 기준에 흔들리지 않고, 있는 그대로의 자신을 존중하는 마음이 중심에 있습니다.

에고 센터가 제대로 작동하지 않을 때

자신의 여건을 잘 따지지 않고 무리하게 돈을 쓰거나, 지킬 수 없는 약속을 쉽게 하는 경우가 생깁니다. 또한, 자신의 노력이나 가치를 제대로 인정받아야 할 상황에서도 당당하게 말하지 못하고 참는 경우도 많습니다. 남보다 자신을 먼저 돌보고, 솔직한 기준을 세우는 연습이 필요합니다.

EP. 에고 센터 정의

승부욕이 망친 인간관계,
민규의 딜레마

민규는 언제나 남들보다 앞서야 한다고 생각했습니다. 학창 시절부터 성적, 운동, 게임에서도 늘 1등을 목표로 삼았고, 지는 걸 참을 수 없어 더 많이 노력하곤 했습니다.

회사에 입사한 후에도 동료들과 협력하기보다는 비교하며, 더 잘해야 한다는 압박감을 느꼈습니다. 늘 인정받고 싶었고, 누구보다 뛰어난 성과를 내는 사람이 되고 싶었습니다.

어느 날 새 프로젝트를 맡게 된 민규는 누구보다 뛰어난 결과를 내기 위해 몰두했습니다. 하지만 팀원들이 아이디어를 공유하며 함께 일하려 할 때도, 그는 자신의 방식이 더 낫다고 확신하며 주도권을 놓지 않으려 했습니다.

점점 더 혼자서 많은 일을 떠안게 되었고, 경쟁심은 스트레스로 이어졌습니다. 그의 태도는 동료들과의 거리감을 만들었고, 팀 분위기에도 영향을 주기 시작했습니다.

결국 프로젝트는 성공적으로 마무리되었지만 동료들은 민규와 다시 일하고 싶지 않다며 등을 돌렸고, 상사는 그의 성과는 인정했지만 협업 능력이 부족하다는 점을 지적했습니다.

민규는 '이렇게까지 열심히 했는데 왜 인정받지 못하지?'라며 답답함을 느꼈습니다.

민규가 이렇게 자신을 몰아붙인 이유는 에고 센터가 정의되어 있기 때문입니다. 이 센터가 정의된 사람들은 내면에서 오는 강한 의지와 경쟁심을 가지고 있으며, 성취에 대한 욕구가 큽니다. 하지만 그 에너지가 지나치면, 주변과의 관계에서 갈등을 만들고 자신도 쉽게 지치게 됩니다.

민규가 혼자 이기려는 마음을 내려놓고, 함께 성장하는 방향으로 나아간다면 더 넓은 인정과 진정한 성취를 경험할 수 있을 것입니다.

에고 센터
정의
솔루션

자연스러운 자신감이
진정한 가치를 더욱 빛나게 합니다.

에고 센터가 정의된 사람들은 자신의 가치를 잘 알고 있으며, 협상이나 계약을 능숙하게 할 수 있는 능력이 있습니다.

하지만 진정한 가치를 더욱 빛내기 위해서는 다른 사람들의 평가에 과도하게 신경 쓰지 않는 것이 중요합니다.

또한, 좋은 것을 가질수록 과시하기보다는 자연스럽게 보여주는 태도가 더 긍정적인 영향을 줄 수 있습니다. 이러한 균형을 유지하면 스스로의 가치를 더욱 단단하게 지켜나갈 수 있습니다.

EP. 에고 센터 미정의

여유도 없으면서
맨날 지갑을 여는 나,
누가 좀 말려주세요.

민아는 결혼 후 바쁜 일상을 보내다가 오랜만에 친구들과 만날 기회를 가졌습니다. 오랫동안 보지 못했던 친구들과 이런저런 이야기를 나누며 웃음꽃을 피웠고, 분위기는 점점 더 따뜻해졌습니다.

식사를 마치고 계산할 시간이 되자, 민아는 갑자기 계산대로 달려가 "이 정도는 제가 쏠게요!"라고 말하며 당당하게 결제를 마쳤습니다.

쿨하고 멋진 사람처럼 보이고 싶었던 민아는 그 순간만큼은 흐뭇했지만, 계산을 마친 후 표정이 어딘가 불편해 보였습니다. 속으로는 '내가 왜 또 이랬을까?'라는 후회가 밀려왔기 때문입니다.

사실 민아는 이런 상황을 반복해 왔습니다. 모임이 있을 때마다 늘 먼저 나서서 계산했고, 그럴 때마다 뒤늦게 불편한 감정이 찾아왔습니다. 순간의 행동이 끝나고 나면 마음 한켠에는 허전함과 자책이 남곤 했습니다.

민아가 이렇게 무리해서 베푸는 행동을 반복하는 이유는 에고 센터가 미정의되어 있기 때문입니다.

에고 센터가 미정의된 사람들은 타인의 인정이나 호감을 얻기 위해 무의식적으로 자신을 증명하려는 경향이 있습니다. '괜찮은 사람', '믿음직한 사람'처럼 보이고 싶은 욕구가 행동으로 드러나게 되는 것입니다.

하지만 타인의 평가로 나의 진짜 가치가 결정되는 것은 아닙니다. 나는 누군가의 인정을 받지 않아도 이미 충분한 존재입니다.

억지로 나를 증명하려 애쓰기보다, 있는 그대로의 나 자신을 믿고 존중하는 것. 그것이야말로 자신을 지키는 가장 건강한 방법입니다.

에고 센터
미정의
솔루션

자신의 가치를 있는 그대로 받아들이는 것이 중요합니다.

에고 센터가 미정의된 사람들은 자신의 가치를 존중하고, 남들에게 정당한 요구를 할 수 있는 능력이 있습니다.

만약 늘 손해 보는 느낌이 든다면, 내가 제대로 내 권리를 주장해 본 적이 있는지 돌아볼 필요가 있습니다. 자신을 과소평가하면 다른 사람에게 요구하는 것이 어려워지고, 반대로 인정받기 위해 과하게 행동할 수도 있습니다.

중요한 것은 자신의 가치를 있는 그대로 받아들이고, 이를 자연스럽게 인정하는 연습을 하는 것입니다.

CHAPTER 1 직관 센터(Spleen Center)

순간의 본능과
직감을 느끼는 센터

직관 센터는 '직감'과 '본능적인 감각'을 다루는 곳으로, 위험을 피하거나 건강을 지키기 위해 우리가 순간적으로 느끼는 감이나 느낌과 관련이 있습니다.

예를 들어 "왠지 이건 아닌 것 같아", "지금 해야 할 것 같아" 같은 말로 설명은 안 되지만 확실히 느껴지는 신호들이 바로 이 센터에서 나옵니다.

이 신호는 아주 빠르고 조용하게 지나가기 때문에, 자신의 몸에서 오는 미묘한 느낌에 집중하는 연습이 중요합니다.

직관 센터(Spleen Center)

키워드	건강, 면역 체계, 보호
신체부위	가슴, 복부(림프계, 비장, T-세포)
정의/미정의 비율	55% / 45%
게이트	48번, 57번, 44번, 50번, 32번, 28번, 18번

CHAPTER 1 직관 센터(Spleen Center)

직관 센터(Spleen Center)를
이루는 7가지 흐름

휴먼디자인에서 직관 센터는 지금, 이 순간의 감각과 직감을 담당하는 센터입니다. 이 센터에 연결된 게이트들은 각자 특정한 두려움이나 본능적인 반응, 그리고 생존을 위한 방식과 관련되어 있습니다.

48번 게이트 – 지혜

→ 깊이의 게이트입니다. 무언가를 깊이 이해하고 제대로 해내고 싶어 하는 욕구가 강한 게이트입니다. '내가 아직 부족한 건 아닐까?' 하는 불안감이 들 수 있지만, 그만큼 배우고 성장하려고 합니다.

57번 게이트 - 직관적 통찰
→ 생존 본능 게이트입니다. 아주 예민한 감각과 순간적인 직감을 가진 게이트입니다. 다른 사람들이 놓치기 쉬운 소리나 분위기, 표정 같은 미세한 신호를 빠르게 감지할 수 있습니다.

44번 게이트 - 기민함
→ 사람의 패턴을 빠르게 감지하는 직관적인 감각을 가진 게이트입니다. 신뢰, 협업, 거래와 같은 상황에서 마치 본능적인 레이더처럼 작동하며, 과거의 경험을 바탕으로 '이 사람을 믿어도 될까?'라는 느낌이 빠르게 떠오르는 것이 특징입니다.

50번 게이트 - 책임감
→ 책임감과 도덕적 기준의 게이트입니다. 가족이나 공동체 안에서 지켜야 할 원칙과 책임에 대한 감각이 강한 에너지입니다. 무언가를 돌보고 보호하려는 마음이 크며, 옳고 그름에 대한 기준이 뚜렷한 편입니다.

32번 게이트 – 연속성
→ 지속과 성공 가능성의 게이트입니다. 무언가가 앞으로도 계속 유지될 수 있을지, 성공 가능성이 있는지를 본능적으로 판단하는 능력을 갖췄습니다. 무엇이 오래 살아남을 수 있는지 감지하는 능력이 뛰어납니다.

28번 게이트 – 승부사
→ 투쟁의 게이트입니다. 그저 살아가는 것에 만족하지 않고, 진짜로 가치 있다고 느껴지는 일에 자신의 힘과 시간을 쓰고 싶어 하는 성향이 있습니다. 또한, '이 일이나 사람이 내 에너지를 쏟을 만큼 중요한가?'를 직감적으로 판단하려는 본능과도 연결되어 있습니다.

18번 게이트 – 교정
→ 개선의 게이트입니다. 부족하거나 잘못된 부분을 예리하게 찾아내고, 더 나은 방향으로 바꾸고자 하는 에너지를 가지고 있습니다. 단순히 비판하는 것이 아니라, 더 좋은 결과를 만들기 위해 개선하는 것이 중요합니다.

CHAPTER 1 직관 센터(Spleen Center)

직관 센터
정의

디자인 차트에서 직관 센터에 색이 채워져 있다면, 이는 직관 센터가 정의되어 있다는 의미입니다.

직관 센터가 정의된 사람은, 언제나 자신 안에서 작동하는 감각과 직감을 지니고 있습니다. 위험한 상황이나 선택의 순간에 '왠지 이건 해야겠어', '이건 아닌 것 같아' 하는 즉각적인 느낌이 떠오르고, 그 감각을 믿고 따를 힘이 있습니다. 이런 사람은 머리로 오래 고민하기보다는, 순간적인 '느낌'을 따를 때 더 자연스럽고 안정적인 선택을 하는 경향이 있습니다.

<정의>

직관 센터가 건강하게 작동할 때

사람이나 상황이 나에게 좋은지 나쁜지를 본능적으로 빠르게 느낄 수 있습니다. 누가 나와 잘 맞는 사람인지, 어떤 환경이 나를 불편하게 만드는지에 대한 감각이 빠르고 정확하게 작동합니다.

직관 센터가 제대로 작동하지 않을 때

미래나 건강, 실패에 대한 불안이 자주 올라오고 쉽게 불안해집니다. 순간적으로 느껴지는 직감보다는, 머릿속으로 계속 생각하고 걱정하는 쪽을 더 믿게 되는 경우가 많습니다. 그러다 보니 자신의 감각보다는, 다른 사람의 말이나 사회적인 기준에 더 의지하게 되기도 합니다.

CHAPTER 1 직관 센터(Spleen Center)

직관 센터
미정의

디자인 차트에서 직관 센터에 색이 채워져 있지 않다면, 이는 직관 센터가 미정의되어 있다는 의미입니다.

직관 센터가 미정의된 사람은 위험이나 건강, 생존과 관련된 감각이 상황에 따라 달라질 수 있습니다. 자신의 느낌보다 주변 사람들의 불안이나 두려움에 쉽게 영향을 받을 수 있고, 타인의 감정을 그대로 느끼는 경우도 많습니다. 그래서 어떤 감정이나 감각이 진짜 내 것인지 아닌지를 구분하는 연습이 필요하며, 나에게 불필요한 두려움은 흘려보내는 것이 중요합니다.

<미정의>

직관 센터가 건강하게 작동할 때

즉흥적으로 판단하거나 행동하기보다는 잠시 멈추고 감정을 들여다볼 수 있는 여유가 생깁니다. 그리고 필요할 때는, 불안이나 두려움에 휘둘리지 않고 담담하게 맞설 수 있는 결단력도 발휘할 수 있습니다.

직관 센터가 제대로 작동하지 않을 때

나에게 좋지 않은 사람이나 상황이라는 걸 알면서도, 본능적으로 집착하거나 쉽게 놓지 못하는 경우가 생깁니다. 눈앞의 두려움이나 불편함을 정면으로 마주하기보다는, 회피하려는 경향이 나타납니다.

EP. 직관 센터 정의

몸이 보내는 신호를 무시하고 머리로만 판단하면 안 되는 이유

도윤이는 어릴 때부터 몸의 변화를 빠르게 알아차리는 편이었습니다. 감기에 걸릴 것 같으면 미리 몸을 따뜻하게 하고, 피곤하면 충분히 쉬면서 스스로 컨디션을 조절하곤 했습니다.

이런 경험이 쌓이다 보니, 병원에 가지 않아도 웬만한 증상은 스스로 해결할 수 있다고 믿게 되었습니다. 몸이 보내는 신호를 누구보다 잘 알고 있다고 생각했기에, 전문가의 진단보다 자신의 감각을 더 믿는 경우가 많았습니다.

어느 날, 도윤이는 아침부터 머리가 무겁고 어지러움을 느꼈지만 '그냥 피곤해서 그런 거겠지'라고 넘겼습니다. 바쁜 업무에 병원 갈 시간도 없었고, 며칠 쉬면 괜찮아질 거라 생각했습니다.

하지만 두통은 점점 심해졌고, 컨디션도 나아지지 않았습니다. 그래도 도윤이는 참고 견디는 게 최선이라고 생각했습니다.

그러던 중 출근길에 갑자기 시야가 흐려지고 어지러움이 심해지며 중심을 잃을 뻔했습니다. 결국 병원을 찾았고, 혈압과 신경계에 문제가 있다는 진단을 받았습니다.

초기에 치료했다면 간단히 해결될 일이었지만, 병원을 미룬 탓에 상태가 악화한 것이었습니다.

도윤이가 이런 상황까지 가게 된 이유는 직관 센터가 정의되어 있기 때문입니다.

직관 센터가 정의된 사람들은 몸에서 오는 이상 신호를 잘 감지할 수 있는 편입니다. 하지만 때로는 자신의 감각을 너무 믿는 나머지, 그 신호를 무시하고 병원을 찾지 않는 경우도 있습니다.

몸이 보내는 경고를 방치하면, 오히려 건강이 더 나빠질 수 있습니다. 따라서 작은 이상이라도 가볍게 넘기지 말고, 신호를 제대로 인지하고 필요한 조치를 취하는 것이 중요합니다.

직관 센터
정의
솔루션

**직관적으로 느끼는
감각을 믿고 따를 때,
더 나은 선택을 할 수 있습니다.**

직관 센터가 정의된 사람들은 나에게 좋은 것과 나쁜 것을 본능적으로 구별할 수 있는 능력이 있습니다.

하지만 직관적으로 느낀 것을 무시하고, 너무 오래 고민하거나 머리로만 결정하려 하면 오히려 불안과 걱정이 커질 수 있습니다.

순간적으로 느껴지는 '이건 아니다'라는 감각을 믿고 따라가는 연습이 필요합니다.

EP. 직관 센터 미정의

나쁜 관계를
쉽게 끊지 못하는 진짜 이유

민주는 남자 친구와 1년째 연애 중이지만, 요즘 고민이 많습니다. 함께 있을 때는 누구보다 다정하고 사랑이 넘치는 남자 친구지만, 떨어져 있을 때는 연락도 뜸하고 한없이 무심한 모습을 보이기 때문입니다.

남자 친구는 친구, 일, 연애까지 모두 잘 해내고 싶어 하는 욕심이 많은 사람이었습니다. 하지만 시간이 지날수록 그 욕심은 민주를 향한 관심과 시간을 점점 줄이게 했습니다.

서운한 마음을 조심스럽게 표현해도, 그는 "네가 너무 예민한 거야", "이해심이 부족하네"라고 말하며 민주를 철부지처럼 대했습니다. 민주도 그의 말이 전부 옳다고 생각하지는 않았지만, 이상하게도 매번 '내가 더 이해해야지'라는 쪽으로 결론이 났습니다.

주변 친구들도 이 연애에 대해 걱정했고, 몇몇은 진심 어린 조언과 함께 이별을 권하기도 했습니다. 하지만 민주에게 '이별'은 쉽게 꺼낼 수 없는 단어였습니다. 그가 나쁜 사람은 아니기에, 혹시 내가 놓치면 후회하지 않을까 하는 생각이 머릿속을 맴돌았습니다. 결국 고민 끝에 다시 그를 선택하고, 또다시 같은 패턴이 반복되곤 했습니다.

민주가 이런 선택을 계속 반복하는 이유는, 직관 센터가 미정의되어 있기 때문입니다. 이 센터가 미정의된 사람들은 현재의 관계나 상황을 놓치면 더 큰 후회나 불안을 겪을 것 같다는 두려움을 크게 느끼는 경향이 있습니다.

'이 사람을 놓치면 어쩌지?', '헤어지고 나면 더 외롭고 힘들지 않을까?' 같은 생각이 자꾸만 떠오르기 때문에, 지금의 불안정한 관계를 오히려 '안정적'이라고 착각할 수 있습니다.

지금 머뭇거리고 있다면, 이 관계가 정말 나에게 건강한 관계인지 다시 한번 천천히 돌아보는 것이 필요합니다.

직관 센터
미정의
솔루션

나에게 맞지 않는 것은 과감히 내려놓는 용기가 필요합니다.

직관 센터가 미정의된 사람들은 결정을 내릴 때 두려운 결과를 걱정하며 망설일 필요는 없습니다.

만약 어떤 관계나 상황이 나에게 맞지 않는다고 느껴진다면, 과감하게 내려놓는 것이 중요합니다.

그리고 때로는 두려운 상황과 마주하는 용기도 필요합니다. 나는 위험하거나 불안한 상황을 직감적으로 알아차리고, 그에 맞서 대처할 힘을 가진 사람이라는 것을 잊지 않는 것이 좋습니다.

CHAPTER 1 감정 센터(Solar Plexus Center)

감정의 흐름을
조절하는 센터

감정 센터는 우리가 느끼는 감정의 흐름과 기분의 변화를 담당하는 센터입니다.

이 센터는 기분이 좋았다가도 갑자기 가라앉는 등, 감정의 기복이 자연스럽게 나타나는 에너지를 가지고 있습니다.

감정을 억누르거나 참으려 하기보다는, 그 흐름을 그대로 인정하고 받아들이는 것이 이 센터를 건강하게 활용하는 방법입니다.

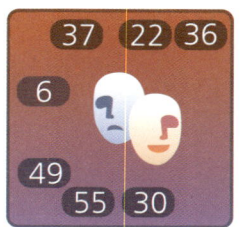 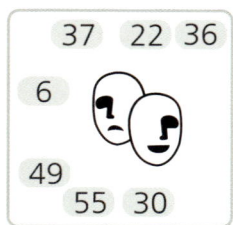

감정 센터(Solar Plexus Center)

키워드	감정, 신경, 열정
신체부위	가슴, 복부(신장, 폐, 췌장, 방광)
정의/미정의 비율	53% / 47%
게이트	6번, 22번, 36번, 37번, 49번, 55번, 30번

CHAPTER 1 감정 센터(Solar Plexus Center)

감정 센터(Solar Plexus Center)를 이루는 7가지 흐름

휴먼디자인에서 감정 센터는 지금, 이 순간 내가 느끼고 있는 감정의 기복을 보여주는 센터입니다. 이 센터에 있는 각 게이트는, 감정이라는 파도를 어떻게 타는지, 그리고 사람들과의 관계 속에서 감정을 어떻게 표현하는지를 알려줍니다.

6번 게이트 – 경계태세
→ 친밀감의 경계 게이트입니다. 사람과 가까워질지, 거리를 둘지를 감정적으로 결정하는 게이트입니다. 감정적으로 열릴 준비가 되었는지 아닌지를 판단하는 감정의 문 같은 역할을 합니다.

22번 게이트 - 개방성
→ 은혜와 분위기의 게이트입니다. 말투, 분위기, 감정 표현에 감각이 있으며, 예술적이고 매력적인 태도와 연결됩니다. 감정을 우아하고 여유롭게 전달하는 에너지를 가지고 있습니다.

36번 게이트 - 위기
→ 감정의 위기와 경험의 게이트입니다. 기분의 기복이 크고, 다양한 감정적 경험을 통해 성장하려는 에너지입니다. 새로운 경험을 향한 감정적 모험심과 연결되어 있습니다.

37번 게이트 - 공동체
→ 가족과 유대의 게이트입니다. 가족이나 가까운 사람들과 따뜻한 정서적 유대감을 형성하는 에너지입니다. 정서적인 안정감과 소속감을 중요하게 여깁니다.

49번 게이트 - 자원분배
→ 감정의 원칙과 거절의 게이트입니다. 자신의 감정 기준이 분명하며, 맞지 않는 사람이나 상황은 단호히 거절하려는 에너지를 가지고 있습니다. 감정을 기반으로 관계의 변화를 이끄는 힘이 있습니다.

55번 게이트 - 풍부함

→ 감정의 깊이와 풍요의 게이트입니다. 기분에 따라 세상을 다르게 느낄 수 있는 감정의 깊은 흐름을 가진 게이트입니다. 감정적 풍요와 동시에 공허함을 느낄 수 있는 감정의 파도 한가운데에 있는 듯한 에너지입니다.

30번 게이트 - 경험의 갈망

→ 감정적 한계를 인식하는 게이트입니다. 내가 하고 싶은 일을 정말 이룰 수 있을지, 어디까지 감당할 수 있을지 감정적으로 파악하도록 도와줍니다. 할 수 있는 일과 없는 일을 구분하고, 감당할 수 있는 방향으로 나아가게 해주는 에너지입니다.

CHAPTER 1 감정 센터(Solar Plexus Center)

감정 센터
정의

디자인 차트에서 감정 센터에 색이 채워져 있다면, 이는 감정 센터가 정의되어 있다는 의미입니다.

감정 센터가 정의된 사람은 마음속에 일정하고 반복되는 감정의 흐름이 있습니다. 기분이 좋았다가도 가라앉는 등, 감정이 오르내리는 파동은 이들에게 자연스러운 현상입니다.

이 감정의 흐름은 시간이 지나면서 서서히 명확해지므로, 결정을 내릴 때는 감정이 가라앉고 마음이 차분해졌을 때 선택하는 것이 가장 자신에게 맞습니다.

<정의>

감정 센터가 건강하게 작동할 때

자신의 기분이 오르락내리락하는 흐름을 자연스럽게 받아들이게 됩니다. 감정에 휘둘려 급하게 결정하기보다는, 충분히 느끼고 시간을 가진 뒤에 신중하게 선택할 수 있을 때까지 기다리는 것이 더 나은 선택으로 이어진다는 것을 알게 됩니다.

감정 센터가 제대로 작동하지 않을 때

자신의 감정 흐름이나 기분 변화를 받아들이지 않고 외면하려는 경향이 생길 수 있습니다. 감정을 억누르거나 무시하게 되면, 주변 사람들에게도 감정적으로 좋지 않은 영향을 줄 수 있습니다. 또한 기분에 따라 충동적으로 결정을 내리고, 그로 인해 후회하는 일이 반복되기도 합니다.

CHAPTER 1 감정 센터(Solar Plexus Center)

감정 센터
미정의

디자인 차트에서 감정 센터에 색이 채워져 있지 않다면, 이는 감정 센터가 미정의되어 있다는 의미입니다.

감정 센터가 미정의된 사람은, 자신의 감정보다 다른 사람의 감정을 더 강하게 느끼는 경향이 있습니다. 주변 분위기나 상대의 기분에 민감하게 반응하기 때문에, 감정 기복이 심한 것처럼 느껴질 수 있습니다. 이런 감정을 억누르거나 피하려고 하면, 사람들과의 갈등을 지나치게 두려워하거나 조심스럽게 행동하게 되는 경우가 많습니다.

<미정의>

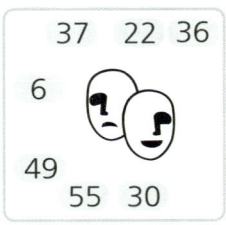

감정 센터가 건강하게 작동할 때

감정적으로 편안함을 유지하면서, 타인의 감정에 공감하고 이입하는 능력이 생깁니다. 주변의 부정적인 감정에 쉽게 휘말리지 않고, 감정적으로 중심을 잡을 수 있게 됩니다. 또한 힘든 상황에서도, 진실이 필요하다면 감정을 회피하지 않고 담담하게 마주할 수 있습니다.

감정 센터가 제대로 작동하지 않을 때

주변 사람들의 감정에 쉽게 휘말려 내 기분이 아님에도 흔들리게 됩니다. 작은 감정조차 크게 다가와 불안이나 짜증을 쉽게 느끼게 됩니다. 진짜 나의 감정을 구분하기 어려워지고, 감정에 지쳐 금방 소진되는 듯한 상태가 됩니다.

EP. 감정 센터 정의

감정 기복이 클수록
중요한 결정을 미뤄야 하는 이유

지연이는 감정의 기복이 심한 편이었습니다. 기분이 좋을 때는 모든 일이 잘 풀리는 것처럼 느껴졌고, 에너지도 넘쳐났습니다. 사람들과의 대화도 활발해지고, 새로운 일에 도전할 용기도 생겼습니다.

하지만 감정이 가라앉을 때는 같은 일이 전혀 다르게 느껴졌습니다. 사소한 일에도 예민해지고, 무기력하거나 외로움을 더 크게 느끼곤 했습니다. 감정의 파도처럼 오르내리는 기분은 일상뿐만 아니라 중요한 결정을 내리는 순간에도 큰 영향을 주었습니다.

기분이 최고조로 좋았던 어느 날, 지연이는 충동적으로 해외여행을 결심하고 비행기 티켓을 예매했습니다. 당시에는 '지금이 아니면 못 가'라는 생각에 들떠있었고, 여행에 대한 기대감으로 가슴이 벅찼습니다.

하지만 며칠 후 감정이 가라앉자, 경비가 부담스럽게 느껴졌고, 일정을 생각할수록 귀찮고 번거롭게만 느껴졌습니다. 이미 티켓을 환불하기 어려운 상황이었기에 지연이는 결국 스트레스를 받으며 후회해야 했습니다.

지연이가 이렇게 감정에 따라 충동적인 결정을 내리고 나중에 후회하는 이유는 감정 센터가 정의되어 있기 때문입니다.

감정 센터가 정의된 사람은 감정의 흐름을 따라 기분이 크게 오르내리는 경향이 있으며, 기분이 고조된 상태에서 중요한 결정을 내리는 경우가 많습니다. 하지만 감정이 가라앉았을 때는 그 선택을 낯설게 느끼거나 후회할 수 있습니다.

이런 패턴을 줄이기 위해서는 감정이 한 박자 내려앉을 때까지 기다린 후 결정을 내리는 연습이 필요합니다.

즉흥적으로 움직이기보다는 시간을 두고 감정을 정리한 뒤 행동하는 습관이, 더 나은 선택을 하는 데 큰 도움이 될 수 있습니다.

감정 센터
정의
솔루션

차분할 때
신중하게 결정하는 습관이
중요합니다.

감정 센터가 정의된 사람은 자신의 감정 기복을 잘 인식하지 못하거나 감정을 표현하는 것이 어렵기 때문에 우선 감정의 변화를 스스로 느끼고 주변 사람들에게 솔직하게 전하는 연습을 해보시길 바랍니다.

또한 순간적인 감정에 휘둘려 즉흥적인 결정을 내리지 않도록 주의하는 것이 중요합니다.

감정이 차분하고 안정된 상태에서 판단할 수 있도록 충분한 시간을 가지며 신중하게 결정하는 습관을 길러보게 된다면 나에게 많은 도움이 될 것입니다.

EP. 감정 센터 미정의

사랑하는 사람의
감정에 휘말려서 힘들 때

수희는 연애할 때마다 감정적으로 유난히 예민하고 혼란스러움을 자주 느꼈습니다. 혼자 있을 때는 마음이 평온했지만, 연인과 함께 있는 순간부터는 마치 롤러코스터를 타는 것처럼 감정이 요동쳤습니다.

연인이 피곤하거나 기분이 좋지 않아 보일 때, 수희는 그것을 단순한 상황으로 넘기지 못하고 괜히 자신이 잘못한 건 아닌지, 혹은 연인이 자신을 싫어하게 된 건 아닌지 혼자서 수없이 걱정하기 시작했습니다. 그런 불안은 사소한 말과 행동까지 확대되어, 연인이 던진 무심한 말 한마디에도 상처받고, 괜히 눈치를 보며 상대의 기분을 맞추려 애쓰는 일이 반복되었습니다.

수희는 시간이 지날수록 이런 감정 기복에 점점 더 지쳐갔고, 사랑해야 할 연애가 오히려 부담스럽고 버거운 일처럼 느껴졌습니다. 수희가 이렇게 주변 감정을 쉽게 흡수하는 이유는, 바로 감정 센터가 미정의되어 있기 때문입니다.

감정 센터가 미정의된 사람들은 타인의 감정을 자신의 것처럼 느끼는 경향이 있어, 상대방의 감정에 쉽게 휘둘리거나 과도하게 반응하게 됩니다. 그래서 혼자 있을 때는 마음이 편안하다가도, 가까운 사람과 함께하면 상대의 기분에 휩쓸려 감정이 오르내리는 경험을 하곤 합니다.

이러한 상황에서 중요한 것은 내 감정이 정말 내 것인지, 아니면 주변에서 흘러 들어온 감정인지를 구별하는 연습입니다. 상대의 감정을 내가 책임져야 한다고 착각하지 않고, 한 걸음 떨어져 나를 객관적으로 바라보는 태도가 필요합니다.

감정에 휘둘리지 않고 경계를 세우는 연습을 통해, 수희는 점차 더 건강하고 안정된 연애를 할 수 있을 것입니다.

감정 센터
미정의
솔루션

그것이 내 감정이 맞는지 살펴보는 것이 중요합니다.

감정 센터가 미정의된 사람은 자신의 감정보다 주변 사람들의 감정을 더 쉽게 받아들이는 경향이 있습니다.

혼자 있을 때는 평온하지만, 사람을 만나거나 특정한 상황에서는 감정 기복이 심해지고 혼란스러울 수 있습니다.

만약 감정이 갑자기 요동치거나 불안해진다면, 그것이 나의 감정이 아닌 주변의 감정일 수도 있다는 점을 인식하는 것이 중요합니다.

CHAPTER 1 활력 센터(Sacral Center)

지속적인 에너지를
생성하는 센터

활력 센터는 우리가 살아가며 끊임없이 움직이고 일할 수 있도록 도와주는 에너지의 원천입니다.

여기서 나오는 힘은 일을 하거나 무언가를 만들어 낼 때 사용되며, 삶에 자연스럽게 반응하고 만족을 느끼는 데 중요한 역할을 합니다.

우리를 지속적으로 살아 움직이게 하는 중심 에너지라고 할 수 있습니다.

 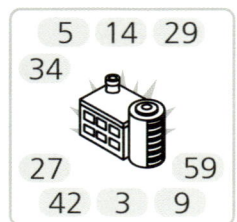

활력 센터(Sacral Center)

키워드	활력 에너지, 성(性), 번식
신체부위	난소, 고환
정의/미정의 비율	66% / 34%
게이트	42번, 3번, 9번, 5번, 14번, 29번, 27번, 59번, 34번

CHAPTER 1 활력 센터(Sacral Center)

활력 센터(Sacral Center)를 이루는 9가지 흐름

휴먼디자인에서 활력 센터는 우리가 하루하루를 살아가며 움직이고 일할 수 있게 해주는 센터입니다. 이 센터와 연결된 에너지는 일, 생존, 집중, 창의성, 사람과의 관계, 헌신처럼 삶을 유지하고 사람들과 어울리는 데 꼭 필요한 주제들과 깊이 연결되어 있습니다.

42번 게이트 – 끈기
→ 시작한 일을 끝까지 마무리하는 성향을 가진 게이트입니다. 무언가를 시작하고 끝내는 과정에서 큰 성취감을 느끼며, 그 결과물에 대해 깊은 만족감을 느낍니다. 이 과정에서 얻는 성과에 대해서도 중요한 의미를 부여합니다.

3번 게이트 – 질서 잡기

→ 변화의 시작을 돕는 게이트입니다. 새로운 변화나 상황이 혼란스럽게 느껴질 때, 그 속에서 질서를 만들고 흐름을 정리하는 힘이 있습니다. 복잡한 환경 속에서도 적응하며 안정적인 방향으로 나아갈 수 있도록 도와줍니다.

9번 게이트 – 초점

→ 집중력과 디테일에 강한 게이트입니다. 작고 구체적인 일에 깊이 몰입하는 능력이 강합니다. 반복되는 작업이나 섬세한 일에 특히 능숙하며, 한 가지 일에 끈기 있게 집중할 수 있습니다.

5번 게이트 – 고정된 리듬

→ 나만의 루틴을 지키는 게이트입니다. 반복되는 일정과 리듬 속에서 편안함을 느끼고, 자신만의 규칙적인 생활 패턴을 중요하게 생각합니다. 그 흐름이 깨지면 스트레스를 느끼기도 합니다.

14번 게이트 - 엄청난 소유

→ 좋아하는 일을 통해 풍요를 만드는 게이트입니다. 자신이 진심으로 좋아하는 일에 에너지를 쏟을 때, 그 일이 물질적 풍요로 이어지는 경향이 있습니다. 노력 자체를 즐기면서, 일과 자원의 흐름이 자연스럽게 연결됩니다.

29번 게이트 - 예스맨

→ 끈기와 몰입의 게이트입니다. 무언가에 진심으로 "예스"라고 말할 수 있는 일을 시작하게 된다면, 쉽게 포기하지 않고 끝까지 밀고 나가는 성향이 있습니다. 진심으로 원하는 일에는 강한 몰입과 책임감을 보여줍니다.

27번 게이트 - 양육

→ 돌봄과 보호의 본능이 담긴 게이트입니다. 가족이나 가까운 사람, 혹은 약한 존재를 본능적으로 돌보고 지키려는 마음이 강합니다. 누군가를 위해 헌신하고 돌보는 일에서 보람을 느낍니다.

59번 게이트 - 성적매력

→ 친밀한 관계를 만드는 게이트입니다. 사람들과 깊은 유대를 맺고, 특히 감정적·신체적 친밀함을 통해 관계를 유지하려는 본능적인 힘을 가지고 있습니다. 가까운 사람과의 신뢰와 진정성 있는 소통을 중요하게 여깁니다.

34번 게이트 - 위대한 힘

→ 가장 강력한 천골 에너지를 가진 게이트로, 자신을 위한 힘을 제공합니다. 활동적이고 에너지가 넘치는 성향을 지닌 이 에너지는, 자신을 위해 사용할 때 진정한 힘과 생명력을 느끼게 합니다.

CHAPTER 1 활력 센터(Sacral Center)

활력 센터
정의

디자인 차트에서 활력 센터에 색이 채워져 있다면, 이는 활력 센터가 정의되어 있다는 의미입니다.

활력 센터가 정의된 사람은 지속적으로 사용할 수 있는 에너지를 뿜어내며, 활동적인 성향을 지니고 있습니다.

이 센터가 정의되어 있으면 에너자이저 또는 스피드 에너자이저에 해당하며, 자신이 좋아하는 일을 하거나 몸을 움직일 때 진정한 힘과 생명력을 느끼게 됩니다.

<정의>

활력 센터가 건강하게 작동할 때

자신이 좋아하는 일을 하며 바쁜 일정을 즐기고, 자기 에너지를 발산하면서 점점 더 활력을 얻습니다. 원하는 결정을 할 때는 몸이 자연스럽게 보내는 신호를 따르며, 자신의 일에서 큰 만족과 행복을 느끼고 에너지를 충전합니다.

활력 센터가 제대로 작동하지 않을 때

몸이 보내는 자연스러운 신호를 무시하고 무리하게 일을 시작하게 되며, 일을 즐기지 못합니다. 그로 인해 에너지가 고갈되고 피곤함을 느끼며, 반복되는 일상에 지쳐 결국 포기하게 됩니다.

CHAPTER 1 활력 센터(Sacral Center)

활력 센터
미정의

디자인 차트에서 활력 센터에 색이 채워져 있지 않다면, 이는 활력 센터가 미정의되어 있다는 의미입니다.

활력 센터가 미정의된 사람은 에너지의 흐름이 일정하지 않아, 스스로 힘을 내기보다는 주변 사람들의 에너지에 영향을 받기 쉽습니다.

그 결과 쉽게 피로를 느끼거나, 자신에게 맞지 않는 일을 억지로 하게 되는 경우도 많습니다. 그렇기 때문에 타인의 에너지에 휘둘리지 않도록 하는 연습이 중요합니다.

<미정의>

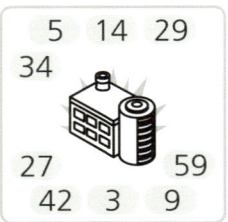

활력 센터가 건강하게 작동할 때

자신이 좋아하는 일을 하며 편안함을 느끼고, 내 에너지가 항상 일정하지 않다는 사실을 자연스럽게 받아들입니다. 언제 힘을 써야 할지, 또 언제 쉬어야 할지를 스스로 잘 알고 자신의 리듬에 맞춰 무리하지 않으며 에너지를 조절할 수 있습니다.

활력 센터가 제대로 작동하지 않을 때

자신의 에너지가 고갈될 때까지 일하면서, 넘치는 에너지를 자신의 에너지로 착각할 수 있습니다. 이로 인해 쉬는 것에 죄책감을 느끼고, 계속 일해야 한다는 압박감을 느끼며 에너지를 과도하게 소모하게 됩니다.

EP. 활력 센터 정의

지치지 않으려면?
몸과 마음이 원하는 휴식

민지는 항상 바쁘게 움직이며 살아왔습니다. 무언가를 끝내야만 마음이 놓였고, 쉬는 것보다는 일을 하며 성취를 느끼는 것이 더 익숙했습니다. 하루를 알차게 보낼수록 뿌듯했고, 가만히 있으면 오히려 불안했습니다.

하지만 최근 들어 민지는 예전과 달리 피로가 쉽게 가시지 않는다는 걸 느끼기 시작했습니다. 주말마다 쉬려고 노력했지만, 아무리 잠을 자고 소파에 누워있어도 개운한 느낌이 들지 않았습니다.

'나는 분명히 쉬었는데, 왜 이렇게 피곤하지?' 민지는 주말에 TV를 보거나 멍하니 시간을 보내며 스스로 충분히 쉬었다고 생각했지만, 월요일 아침이 되면 몸은 여전히 무겁고 기운이 나지 않았습니다. 결국 커피와 에너지 음료에 의지하며 또 하루를 버텨냈고, 그런 날이 반복되며 점점 지쳐갔습니다.

이런 상태가 반복되는 이유는 민지의 활력 센터가 정의되어 있기 때문입니다. 활력 센터가 정의된 사람들은 평소 활력이 넘치는 편이고, 지치지 않는다는 믿음을 가지고 있기 쉽습니다. 그래서 자신이 지쳤다는 사실을 인지하지 못한 채 계속해서 일을 밀어붙이는 경우가 많습니다.

하지만 단순히 누워있거나 잠을 자는 것만으로는 진짜 회복이 되지 않습니다. 민지에게 필요한 건, 몸과 마음이 동시에 회복될 수 있는 진짜 '휴식'입니다. 억지로 쉬기보다는 자신의 에너지 흐름을 잘 살피고, 필요할 때 멈추는 연습을 해보는 것이 중요합니다. 그렇게 해야 다시 건강한 에너지로 일상에 돌아올 수 있습니다.

활력 센터
정의
솔루션

진짜 내가 원하는 것이 무엇인지
돌아보는 시간을 가져보세요.

활력 센터가 정의된 사람들은 자신이 진짜 원하는 것이 무엇인지 알고 결정할 수 있으며, 적당히 바쁜 생활을 즐길 줄 압니다. 하지만 주변 분위기에 휩쓸려 성급하게 결정을 내리면, 피로감과 스트레스를 느낄 수 있습니다.

내가 선택한 일을 후회 없이 즐기려면, 결정할 때 내 몸이 어떻게 반응하는지 스스로 점검하는 과정이 필요합니다.

조금 더 신중하게 선택하는 연습을 하면, 진정으로 원하는 방향으로 나아갈 수 있습니다.

EP. 활력 센터 미정의

적당히를 모르는 남자친구, 누가 좀 말려주세요.

연희와 민재는 1년째 비밀스럽게 예쁜 사랑을 이어가고 있습니다. 연희는 매사에 성실하고 열정적인 민재의 모습에 반해 연애를 시작했습니다.

민재는 바쁜 업무와 자기계발, 회식, 출장 등 빼곡한 일정을 소화하면서도 연희와의 데이트는 절대 놓치지 않으려 애썼습니다. 완벽한 남자 친구가 되고 싶은 마음에 누구보다 열심히 움직였고, 본인도 스스로 그런 삶에 자부심을 느끼고 있었습니다.

하지만 시간이 지날수록 민재의 얼굴에는 피로가 깊게 배어갔고, 연희는 그의 지친 모습을 보며 점점 걱정이 커졌습니다.

말은 하지 않았지만, 민재는 한계를 향해 가고 있었던 것입니다.

결국, 민재는 무리한 스케줄을 버티지 못하고 몸져눕고 말았습니다. 그는 왜 이토록 자신을 몰아붙이며 모든 걸 해내려 했던 걸까요?

민재가 끝없이 자신을 몰아붙인 이유는 활력 센터가 미정의되어 있기 때문입니다. 활력 센터가 미정의된 사람은 자신의 에너지원을 안정적으로 유지하기 어렵고, 주변 사람들의 에너지를 따라 반응하며 움직이게 됩니다.

처음엔 괜찮은 듯 보이지만, 에너지 조절이 어렵다 보니 과도하게 움직이게 되고, 결국에는 쉽게 탈진하게 됩니다. 몸이 보내는 경고 신호를 무시하고 지나치기 쉽다는 특징도 있습니다.

활력 센터가 미정의된 사람에게 가장 중요한 건 제대로 된 휴식입니다. 자신이 에너지를 어떻게 쓰고 있는지 자주 돌아보고, 필요할 땐 멈추는 용기를 가지는 것이 무엇보다 중요합니다. 진짜 나의 페이스를 찾고, 그것을 존중하는 연습이 필요합니다.

활력 센터
미정의
솔루션

에너지가 넘친다고 해서
무리하면 건강을 해칠 수 있습니다.

활력 센터가 미정의된 사람들은 자연스럽게 쉬는 법을 알고, 에너지를 적절히 조절하는 능력이 있습니다. 하지만 갑자기 몰려오는 힘이 내가 원래 가지고 있는 에너지인지 스스로 점검할 필요가 있습니다.

몸이 피로하다는 신호를 무시한 채 계속해서 무리하면, 결국 건강을 해칠 수 있습니다.

자신의 리듬에 맞춰 적절한 휴식을 취하는 것이 중요합니다.

CHAPTER 1 연료 센터(Root Center)

추진력을
만드는 센터

연료 센터는 우리가 행동할 이유와 에너지를 만들어 내는 곳입니다. 여기서 느껴지는 압박감은 단순한 스트레스가 아니라, 실제로 몸을 움직이고 행동하게 만드는 추진력으로 작용합니다.

이 에너지를 잘 활용하면 목표를 향해 나아가는 힘이 되지만, 너무 과하면 오히려 스트레스와 부담으로 다가올 수 있습니다.

연료 센터(Root Center)

키워드	몸에 오는 압력, 스트레스
신체부위	신장(부신)
정의/미정의 비율	60% / 40%
게이트	58번, 38번, 54번, 53번, 60번, 52번, 19번, 39번, 41번

CHAPTER 1 연료 센터(Root Center)

연료 센터(Root Center)를 이루는 9가지 흐름

휴먼디자인에서 연료 센터는 우리에게 압박감과 긴장감을 만들어 내는 센터입니다. 하지만 이 압박은 단순한 부담이 아니라, 행동을 시작하고 앞으로 나아가게 하는 원동력이 됩니다. 주로 압박, 추진력, 생존, 시작, 집중처럼 삶을 움직이게 하는 에너지와 깊이 연결되어 있습니다.

58번 게이트 – 생기

→ 더 나은 것을 만들고 싶은 게이트입니다. 문제를 그냥 넘기지 않고, 더 좋게 만들고 싶은 욕구가 강합니다. 무언가를 고치고 개선하는 과정에서 활력을 느끼고 즐거움을 얻습니다.

38번 게이트 - 싸움꾼

→ 가치 있는 싸움을 위한 게이트입니다. 삶에서 진짜 의미 있는 것을 위해 싸우려는 본능적인 의지를 지니고 있습니다. 의미 없는 싸움은 피하고, 가치 있는 목표를 찾아, 그 목표를 향해 나아갑니다.

54번 게이트 - 야망

→ 더 높은 곳을 향한 야망의 게이트입니다. 성공과 성취에 대한 욕구가 강하며, 더 나은 위치로 올라가고자 하는 열망을 지니고 있습니다. 낮은 자리에서 출발해 위로 올라가려는 성향을 가지고 있습니다.

53번 게이트 - 점화

→ 시작을 돕는 게이트입니다. 새로운 일이나 프로젝트를 시작할 때 자연스럽게 힘을 낼 수 있습니다. 새로운 경험이나 기회를 만날 때 설레고 즐거움을 느끼며, 무언가를 시작할 때 큰 추진력을 발휘합니다.

60번 게이트 - 수용

→ 한계를 넘어서려는 게이트입니다. 현실의 제약이나 제한을 느끼면서도, 그 안에서 새로운 가능성을 찾고자 하는 에너지를 지니고 있습니다. 한계를 뛰어넘고 변화를 일으키려는 힘이 있습니다.

52번 게이트 - 집중

→ 집중하고 멈출 줄 아는 게이트입니다. 바쁘고 정신없는 상황 속에서도 멈추고 차분히 집중할 수 있는 능력을 갖추고 있습니다. 주변이 산만해도 가만히 앉아서 깊게 몰입할 힘이 있습니다.

19번 게이트 - 찔러보기

→ 필요에 민감한 게이트입니다. 자신과 타인의 기본적인 욕구(먹을 것, 쉴 곳, 관계 등)에 민감하게 반응합니다. 가족과 공동체를 위한 배려와 돌봄의 에너지를 가지고 있습니다.

39번 게이트 – 도발

→ 도발의 게이트입니다. 다른 사람이나 상황을 자극해 숨겨진 감정이나 속마음을 자연스럽게 끌어내는 능력을 갖추고 있습니다. 상대방을 도발함으로써 진짜 감정과 본심을 드러내도록 유도할 수 있습니다.

41번 게이트 – 꿈꾸는 자

→ 새로운 상상과 시작의 게이트입니다. 머릿속으로 새로운 것을 상상하고, 새로운 경험을 꿈꾸며 실제로 시작할 힘을 가지고 있습니다. 새로운 사이클의 첫 단추를 끼우는 역할을 합니다.

CHAPTER 1 연료 센터(Root Center)

연료 센터
정의

디자인 차트에서 연료 센터에 색이 채워져 있다면, 이는 연료 센터가 정의되어 있다는 의미입니다.

연료 센터가 정의된 사람은 몸속에 항상 일정한 압박감과 추진력이 흐릅니다. 스트레스나 압박도 잘 활용해 자연스럽게 행동으로 이어갈 수 있는 힘이 있습니다. 바쁜 상황에서도 쉽게 흔들리지 않고, 자신만의 속도로 차분히 움직입니다. 주변의 재촉에 휘둘리지 않고, 오히려 압박 속에서 목표를 향해 꾸준히 나아갑니다.

<정의>

연료 센터가 건강하게 작동할 때

스트레스를 받을 때도 스스로 조절할 수 있는 일관된 방법을 가지고 있습니다. 그래서 스트레스를 받더라도 타인에게 부담을 주지 않으며, 모두가 나처럼 행동하거나 일해야 한다고 기대하지 않습니다.

연료 센터가 제대로 작동하지 않을 때

주변 사람들에게 나도 모르게 불필요한 스트레스를 전달하기 쉽습니다. 일의 속도나 처리 방식이 일정하지 않고, 상황에 따라서 왔다 갔다 하는 모습이 나타날 수 있습니다. 무언가를 빨리 끝내야 한다는 압박감을 쉽게 떨치지 못하고, 계속 부담을 안고 지내게 됩니다.

CHAPTER 1 연료 센터(Root Center)

연료 센터
미정의

디자인 차트에서 연료 센터에 색이 채워져 있지 않다면, 이는 연료 센터가 미정의되어 있다는 의미입니다.

연료 센터가 미정의된 사람은 외부에서 오는 압박과 스트레스에 민감하게 반응합니다. 주변의 조급한 분위기를 쉽게 받아들이고, 자신의 감정처럼 착각하기 쉽습니다. 그래서 필요하지 않은 상황에서도 급하게 행동하거나 과도한 스트레스를 받을 수 있습니다. 이럴 땐, 이 압박이 꼭 내 것이 아닐 수 있다는 점을 기억하고, 속도를 조절하는 연습이 필요합니다.

<미정의>

연료 센터가 건강하게 작동할 때

느껴지는 압박을 억지로 해결하려 하기보다, 자연스럽게 흘려보낼 수 있습니다. 서둘러야 한다는 압박에 휘둘리지 않고 차분하게 결정할 수 있는 여유가 생깁니다. 오히려 그 압박을 상황에 맞게 잘 활용하여 자신에게 도움이 되는 에너지로 바꿔 쓸 수 있습니다.

연료 센터가 제대로 작동하지 않을 때

무리한 일정 속에서도 스스로 멈추지 못하고 계속 바쁘게 움직이려 합니다. 그러다 보면 점점 지치고, 결국에는 몸과 마음에 무리가 갈 수 있습니다. 주변 사람들의 스트레스까지 떠안아 혼자서 과도한 부담을 짊어지게 됩니다.

EP. 연료 센터 정의

완벽을 요구하는 사장님과
희주의 고충

희주는 1년째 카페에서 아르바이트하며, 언젠가 자신만의 아늑하고 따뜻한 카페를 여는 꿈을 키워가고 있습니다. 그 꿈을 이루기 위해 희주는 지금 일하고 있는 가게의 사장님을 롤모델로 삼아 하루하루 성실하게 일하고 있습니다.

사장님은 책임감이 강하고 손님에게도 항상 친절하며, 가게 운영도 능숙하게 해내는 뛰어난 사람이었습니다. 그런 사장님 곁에서 배우는 것만으로도 큰 자극이 되었고, 희주는 자신의 미래를 위해 열심히 따라가려 노력하고 있었습니다.

하지만 희주에게는 점점 마음속에 쌓여가는 고민이 하나 있습니다. 바로 사장님의 끊임없는 잔소리와 압박감입니다.

손님이 몰리는 바쁜 시간대는 물론, 잠시 숨을 돌리고 싶을 때도 사장님은 "지금 멈출 때야?"라며 다그치듯 말을 건넸습니다.

희주는 누구보다 열심히 일하고 있지만, 사장님의 눈에는 늘 부족해 보이는 것 같아 속상한 마음이 컸습니다. 사장님도 희주의 노력을 알고 있음에도, 왜 이렇게까지 스트레스를 주는 걸까 하는 의문이 들었습니다.

그 이유는 사장님의 연료 센터가 정의되어 있기 때문입니다. 이 센터가 정의된 사람들은 목표를 향해 끊임없이 몰입하고, 스스로에게도 높은 기준을 부여하는 경향이 있습니다.

자신의 강한 추진력과 긴박한 속도감을 기준으로 주변을 바라보기 때문에, 실제로는 잘하고 있는 희주에게도 자꾸만 채찍질하게 되었습니다.

만약 이 에너지를 잘 관리할 수 있었다면, 사장님은 희주에게 더 안정적이고 편안한 배움의 환경을 만들어 줄 수 있었을 것입니다.

연료 센터
정의
솔루션

**자신만의 속도를 지킬 때
더 편안하게 일할 수 있습니다.**

연료 센터가 정의된 사람은 자신만의 일정한 속도로 일을 처리하는 능력이 있습니다. 하지만 '이 일을 어떻게든 끝내야 해!'라는 강한 압박감이 스트레스로 다가온다면, 연료 센터가 제대로 작동하지 않는 것일 수 있습니다.

이러한 스트레스는 자신뿐만 아니라 주변 사람들에게도 부담을 주고, 일의 균형을 무너뜨릴 수 있습니다.

자신만의 페이스를 유지하고, 불필요한 압박에서 벗어나야 주변 사람들도 안정적으로 함께 일할 수 있습니다.

EP. 연료 센터 미정의

해야 할 일은 많은데,
왜 정작 중요한 일은 못할까?

혜진이는 해야 할 중요한 업무가 있음에도 불구하고, 항상 사소한 일부터 처리하는 습관이 있었습니다. 메일을 확인하거나 책상을 정리하고, 주변을 정돈하며 시간을 보내다 보면 어느새 한참이 지나 있곤 했습니다.

마음속으로는 '이제 중요한 일을 시작해야 하는데…'라는 생각이 계속 맴돌았지만, 막상 그 일을 시작하려고 하면 부담감과 불안감이 먼저 밀려왔습니다.

어느 날, 프로젝트 보고서를 작성해야 했던 혜진이는 본격적인 작업에 손을 대는 것이 부담스러워 또다시 다른 일부터 처리하기 시작했습니다. 팀원들에게 자료를 보내고, 이미 끝난 회의록을 다시 정리하고, 중요하지 않은 메일에 먼저 답장을 보내며 시간을 보냈습니다.

그렇게 몇 시간을 보내고 나서야 겨우 보고서 작성을 시작했지만, 시간이 너무 부족해 초조한 상태에서 서둘러 마무리할 수밖에 없었습니다. 결국 보고서는 제출했지만, 내용이 부족하다는 피드백을 받았습니다.

혜진이가 이렇게 불필요한 일에 몰두하게 되는 이유는 연료 센터가 미정의되어 있기 때문입니다.

연료 센터가 미정의된 사람들은 해야 할 중요한 일을 미룰수록 불안감을 크게 느끼며, 그 불안함을 줄이기 위해 당장 손댈 수 있는 사소한 일부터 처리하는 경향이 있습니다.

이런 악순환에서 벗어나기 위해서는, 먼저 해야 할 일의 우선순위를 명확히 정하고 가장 중요한 일부터 시작하는 연습이 필요합니다.

처음부터 완벽하게 해내야 한다는 부담을 내려놓고, 작게라도 시작해 보는 것이 자신감을 키우고 집중력을 높이는 데 도움이 됩니다.

연료 센터
미정의
솔루션

서둘러야 할 일인지 구별하고,
차분하게 일하는 습관이 필요합니다.

연료 센터가 미정의된 사람들은 일을 할 때 어떤 것이 더 중요한지 판단하는 능력이 있습니다.

하지만 너무 빨리 끝내려 서두르다 보면, 실수하거나 중요한 부분을 놓칠 수 있습니다. 그 결과, 일의 완성도가 낮아지고 주변 사람들에게도 산만해 보일 수 있습니다.

모든 일을 서둘러야 하는 것은 아니므로, 정말 급한 일인지 먼저 구별하는 연습이 필요합니다.

CHAPTER 2
종족

나와 너무 달라서
놀랐던 이유를 알게 되다.

CHAPTER 2 종족(Type)

휴먼디자인의
5가지 종족

사람이 태어날 때부터 지니는 특징에는 무엇이 있을까요?

보통 성별, 혈액형, 인종처럼 눈에 보이는 신체적인 요소를 떠올립니다. 그러나 인간은 이러한 외형적인 특성 외에도 '종족(Type)'이라는 고유한 에너지 유형으로도 나뉩니다.

휴먼디자인에서는 사람마다 타고난 에너지의 흐름에 따라 5가지 종족으로 구분합니다. 세상 대부분을 차지하며 많은 일을 해내는 '에너자이저(Generator)'와 '스피드 에너자이저(Manifesting Generator), 변화를 만들고 행동을 주도하는 '혁신주도가(Manifestor)', 사람을 깊이 이해하고 올바른 방향으로 이끄는 '가이드(Projector)', 그리고 환경에 따라 유연하게 변하며 살아가는 '거울(Reflector)'이 있습니다.

태어나는 순간 이 5가지 종족 중 하나가 자연스럽게 부여됩니다. 마치 정해진 설계도처럼 각자의 에너지 구조가 설정된 것입니다. 자기 종족을 이해하면 내가 어떤 에너지를 가지고 세상과 관계를 맺고 있는지, 그리고 어떤 영향을 주고받으며 살아가는지를 더 깊이 알 수 있습니다.

에너자이저 Generator

- 인류의 35%
- 에너지 타입
- 열려있고 감싸주는 아우라

타입별 특징

목적	만족(협력에서 오는)
전략	반응을 기다린다.
실패 시 테마	좌절
존재적 질문	나는 누구인가?

스피드 에너자이저 Manifesting Generator

- 인류의 35%
- 에너지 타입
- 열려있고 감싸주는 아우라

타입별 특징

목적	만족(성과로부터의)
전략	반응을 기다린다.
실패 시 테마	좌절과 분노
존재적 질문	나는 누구인가?

혁신주도가 Manifestor

- 인류의 9%
- 에너지 타입
- 닫혀있고 밀어내는 아우라

타입별 특징

목적	평화
전략	행동하기 전에 알린다.
실패 시 테마	분노
존재적 질문	사람들에게 어떻게 영향을 줄까?

가이드 Projector

- 인류의 20%
- 비 에너지 타입
- 집중하고 흡수하는 아우라

타입별 특징

목적	성공
전략	초대를 기다린다.
실패 시 테마	씁쓸함
존재적 질문	저 사람은 누구인가?

거울 Reflector

- 인류의 1%
- 비 에너지 타입
- 저항하고 샘플링하는 아우라

타입별 특징

목적	놀라움
전략	달의 완전 주기를 기다린다.
실패 시 테마	실망
존재적 질문	저들은 누구인가?

만약 자신에게 주어진 전략과 의사 결정 방식을 무시한 채 살아간다면, 이 세상에 내가 존재하는 목적과 반대되는 삶을 살게 될 수 있으며 그 대가로 불안감, 불만족, 무기력함 등을 느낄 수 있습니다.

혁신주도가 종족은 분노로 주변을 힘들게 할 것이고, 가이드 종족은 쓸쓸함을 겪으며 끊임없이 몸을 혹사합니다. 에너자이저/스피드 에너자이저 종족은 깊은 좌절과 분노를 겪게 되며, 거울 종족은 실망감으로 가득 찬 순간을 경험할 것입니다.

직장생활, 가족관계, 인간관계 등에서 위와 같은 분노, 쓸쓸함, 좌절, 실망을 오랜 시간 겪은 경험이 있다면, 종족에 대한 학습과 전략을 실생활에서 실행해 보는 연습을 시도해 봐야 합니다. 아마도 많은 사람들이 전혀 다른 종족들로 이루어진 구성원 속에서 살고 있을 것입니다. 서로의 다름을 외면하며 상처를 주고받았던 과거는 잠시 묻고, 이제는 종족의 차이를 인정하며 이해하는 연습을 통해 관계를 개선하고 당신의 진정한 삶의 목적을 찾아보시길 바랍니다.

CHAPTER 2 에너자이저(Generator) 종족

에너자이저(Generator)
지속적인 에너지를 지닌 종족

에너자이저는 휴먼디자인에서 가장 대표적인 에너지 종족으로, 전체 인구의 약 35%를 차지합니다. 이들은 타고난 활력과 생명력을 지니고 있으며, 일하고 만들며 성장하는 과정에서 세상에 크게 이바지합니다.

에너자이저는 활력 센터가 정의되어 있어 몸속에서 자연스럽게 에너지가 끊임없이 충전되는 특징이 있습니다. 다만, 이 에너지는 아무 때나 쓸 수 있는 것이 아니라 외부의 요청이나 상황에 자연스럽게 반응할 때 비로소 제대로 사용할 수 있습니다.

특히 누군가에게 도움이 되는 일이나, 내가 진심으로 하고 싶은 일에 반응했을 때 가장 큰 만족과 성취를 느낄 수 있습니다.

반대로, 몸의 반응 없이 억지로 일을 하게 되면 쉽게 지치고 좌절할 수 있습니다. 하지만 자신의 에너지가 향하는 방향에 맞게 반응하며 살아갈 때, 지치지 않는 활력과 긍정적인 에너지를 발휘하여 주변 사람들에게도 좋은 영향을 주는 존재가 됩니다.

CHAPTER 2 에너자이저(Generator) 종족

에너자이저가
지치지 않고 살아가는 법

에너자이저는 타고난 활력 덕분에 많은 일을 해낼 수 있는 사람입니다. 그러나 이 에너지가 항상 좋은 결과만 가져오는 것은 아닙니다.

에너지를 어디에, 어떻게 쓰느냐에 따라 활력이 더 커지기도 하고, 반대로 쉽게 지치고 후회하게 만들기도 합니다. 그래서 에너자이저에게는 다음과 같은 작은 실천들이 큰 도움이 됩니다.

첫 번째, 머리로만 고민하지 말고 반드시 '몸의 반응'을 확인해야 합니다. 무언가를 선택할 때 스스로에게 "YES인가? NO인가?"를 물어보고, 몸이 자연스럽게 반응하는지 살펴보는 것이 좋습니다. 몸의 느낌이야말로 에너자이저에 가장 정확한 신호입니다.

두 번째, 낮 동안 충분히 몸을 움직여야 밤에 깊은 잠을 잘 수 있고 재충전을 할 수 있습니다. 낮에 에너지를 적절히 사용하지 않으면 밤에 잠이 잘 오지 않거나 다음 날 개운하지 않을 수 있습니다. 에너자이저는 낮에 몸을 써야 밤에 푹 쉬고 다음 날도 활기차게 살아갈 수 있습니다.

세 번째, 억지로 해야 하는 일보다 진심으로 좋아하는 일을 할 때 가장 큰 힘을 발휘합니다. 마음이 설레고 몸이 저절로 반응하는 일이 무엇인지 스스로에게 자주 물어보는 것이 좋습니다.

마지막으로, 잠들기 전 '오늘 하루 만족스러웠는가?'라고 스스로에게 질문해 보시기 바랍니다. 만약 만족스러웠다면 에너지를 제대로 쓴 것입니다. 만약 그렇지 않았다면 몸의 반응 대신 머리로만 결정했을 가능성을 점검해 보는 것이 좋습니다.

이러한 작은 실천들이 쌓이면 점점 더 내게 맞는 삶을 살아갈 수 있습니다.

EP. 에너자이저(Generator) 종족

1초도 가만히 쉬지 못하는 내 룸메이트, 왜 지치지 않는 걸까?

아름이와 슬기는 대학교 동기로 만나, 함께 룸메이트 생활을 한 지 벌써 2년이 넘었습니다. 매일 쏟아지는 과제와 집안일로 둘 다 바쁜 나날을 보내고 있지만, 일상을 보내는 모습은 꽤 다릅니다.

방과 후 곧바로 지쳐 눕는 아름이와 달리, 슬기는 잠들기 직전까지도 끊임없이 무언가를 하려 합니다. 특히 주말은 아름이에게 더 힘든 날입니다. 그저 늘어져 쉬고 싶은데, 슬기는 가만히 있는 법이 없기 때문입니다.

같은 일정을 보내고 있음에도, 왜 유독 슬기는 지치지 않고 계속 움직일 수 있을까요? 그 이유는 슬기가 에너자이저이기 때문입니다. 인류의 약 70%를 차지하는 에너자이저 종족, 그중에서도 슬기는 순수 에너자이저입니다.

순수 에너자이저는 다른 종족에게는 없는 강력한 활력을 타고난 존재입니다. 아무리 힘든 일을 해도 푹 쉬기만 하면, 다음 날 다시 충전된 에너지로 또다시 많은 일들을 해낼 수 있습니다.

> 이들은 꾸준함,
> 근면함,
> 성실함,
> 지구력을 대표하는 종족입니다.

마치 계단을 한 칸씩 천천히 오르듯, 안정적이고 지속적인 에너지를 사용하며 꾸준히 목표를 향해 나아가는 힘을 가지고 있습니다.

하지만 에너자이저에도 중요한 주의사항이 있습니다. 바로 슬기처럼 자신이 진심으로 좋아하고 관심 있는 일에 에너지를 써야 비로소 진정한 힘을 발휘할 수 있다는 점입니다.

만약 몸의 반응을 무시한 채 억지로 선택한 일을 계속하거나, 체력만 믿고 쉼 없이 달리기만 하면 의욕을 잃고 만성적인 피로에 시달릴 수 있습니다. 그리고 피로가 쌓이고 후회가 밀려오는 순간, 중도에 포기하며 좌절감을 느끼기도 합니다.

그렇다면 에너자이저가 후회 없는 삶을 살기 위해서는 무엇이 필요할까요?

바로, 내가 사랑하는 것이 무엇인지 알고, 중요한 순간에 머리로만 고민하지 않으며 몸의 반응(활력 센터)에 따라 Yes 또는 No를 선택하는 습관을 지니는 것이 필요합니다. 이것이 바로 에너자이저가 지치지 않고, 꾸준히 자신의 길을 걸어갈 수 있는 가장 확실한 방법입니다.

에너자이저가 기억해야 할 3가지

- 몸의 반응을 따라 결정하기
- 낮 동안 에너지를 충분히 쓰기
- 진심으로 좋아하는 일에 에너지 쓰기

특징	활력 센터가 정의되어 있음, 꾸준하고 지속적인 활력을 가지고 있음
행동 방식	외부의 요청, 환경, 상황에 자연스럽게 반응
장점	지치지 않는 에너지, 꾸준함, 인내심, 깊이 있는 몰입력
주의점	반응 없이 억지로 하면 쉽게 지치고 포기 가능, 외부 요구에만 끌려가지 않기
나다운 상태 (Self)	만족감, 활력, 성취감
나답지 않은 상태 (Not Self)	좌절감, 피로, 의욕 상실

에너자이저
종족
솔루션

몸의 신호에 따라 결정할 때, 지치지 않고 힘을 발휘할 수 있습니다.

에너자이저 종족은 타고난 활력 덕분에 아침마다 에너지가 가득 충전되어 활기차게 활동할 수 있는 사람들입니다.

하지만 몸의 느낌을 무시하고 억지로 결정하거나, 주변 눈치를 보며 움직이면 쉽게 지치고 의욕을 잃을 수 있습니다. 그래서 몸이 보내는 신호를 잘 느끼고 반응하는 연습이 필요합니다.

특히, YES 또는 NO로 대답할 수 있는 간단한 질문을 통해, 내가 정말 하고 싶은 일인지 확인하는 습관이 큰 도움이 됩니다.

CHAPTER 2 스피드 에너자이저(Manifesting Generator) 종족

스피드 에너자이저
(Manifesting Generator)
활력 넘치는 에너지를 쓰는 종족

스피드 에너자이저는 에너자이저와 혁신주도가의 특성을 모두 지닌 타입입니다. 인구의 약 35%를 차지하며, 매우 활발하고 다재다능한 특징을 가지고 있습니다.

이들은 활력 센터가 정의되어 있어 끊임없이 충전되는 지속적인 에너지를 지니고 있으며, 행동으로 옮기는 속도 또한 매우 빠릅니다.

동시에 여러 가지 일을 시도하는 능력도 뛰어나, 보통 다른 사람보다 빠르게 생각하고 행동하며 다양한 관심사와 재능을 펼칩니다.

스피드 에너자이저는 자연스럽게 외부 자극에 반응하면서도, 원하는 일이 보이면 곧바로 행동에 옮기려는 충동을 느낍니다.

이러한 특성 덕분에 빠르게 일하고 결과를 얻는 능력이 탁월하지만, 때로는 너무 서두르다 보니 중간에 실수하거나 중요한 단계를 건너뛰는 경우도 생길 수 있습니다.

CHAPTER 2 스피드 에너자이저(Manifesting Generator) 종족

스피드 에너자이저가 빠른 추진력을 잘 사용하는 방법

스피드 에너자이저는 빠른 추진력과 넘치는 에너지를 지닌 종족입니다. 눈앞에 할 일이 보이면 몸이 먼저 반응하고, 누구보다 빠르게 행동으로 옮길 수 있는 장점이 있습니다.

그러나 너무 서둘러 결정하거나 움직이면, 시작한 일을 끝내지 못하거나 쉽게 지쳐버리는 경우도 생깁니다.

이런 상황을 줄이기 위해서는 일상에서 몇 가지 습관을 실천하는 것이 도움이 됩니다.

첫 번째, 반응 후 바로 행동하기보다는 잠깐 멈춰 숨을 고르는 연습이 필요합니다. 스피드 에너자이저는 본능적으로 빠르게 반응하는 경향이 있지만, 오히려 잠시 멈추어 '정말 지금 해야 할 일인지', '이 일이 내게 맞는 일인지'를 확인하는 것이 중요합니다. 몸이 주는 느낌을 믿고, 서두르지 않고 점검하는 습관을 지녀야 합니다.

두 번째, 여러 일을 동시에 처리하려 하지 말고 꼭 필요한 일부터 차근차근히 해나가야 합니다. 스피드 에너자이저는 여러 가지 일을 한꺼번에 처리하고 싶어지기 쉽지만, 그럴수록 에너지가 분산되어 지치기 쉽습니다. 중요한 일부터 하나씩 해나가는 것이 오히려 더 큰 성취로 이어집니다.

세 번째, 일하는 중간중간에도 점검하는 시간을 가져야 합니다. '나는 지금 이 일을 하며 만족하고 있는가?', '계속할 가치가 있는 일인가?'를 스스로에게 묻는 습관을 지니는 것이 좋습니다. 이렇게 중간 점검을 하면 불필요한 에너지 낭비를 줄이고, 더 즐겁고 효과적으로 목표를 향해 나아갈 수 있습니다.

마지막으로, 충분히 쉬는 것도 매우 중요합니다. 스피드 에너자이저는 활력이 넘치지만, 무한한 것은 아닙니다. 열심히 움직였다면 반드시 자신을 위해 휴식을 취해야 합니다.

휴식은 단순한 멈춤이 아니라, 다음 반응과 활력을 준비하는 중요한 과정임을 기억해야 합니다.

EP. 스피드 에너자이저(Manifesting Generator) 종족

여러 가지 일을 벌여놓는 우리 누나, 어떻게 다 해내는 걸까?

인환이에게는 나이 차이가 많이 나는 누나가 한 명 있습니다. 어렸을 때부터 인환이의 눈에 비친 누나는 하루 24시간을 일에 파묻혀 살면서도 가족까지 살뜰히 챙기는 슈퍼우먼이었습니다.

마치 일을 하기 위해 태어난 사람처럼 항상 바쁜 모습이었고, 지금도 멈추지 않고 새로운 사업을 구상하고 있습니다. 인환이는 언제나 진취적으로 살아가는 누나를 존경하지만, 한편으로는 일에 허덕이는 누나의 모습이 걱정스럽기도 합니다.

하지만 가족들의 걱정이 무색하게도 누나는 정말 많은 일을 소화해 내는 대단한 능력을 갖추고 있습니다. 심지어 모든 일을 해내며 일에 대한 성취와 그에 따른 보상까지 얻고 있습니다.

그렇다면 누나는 왜 바쁜 일정 속에서도 또다시 새로운 일을 벌이는 것일까요? 또 어떻게 그렇게 많은 일들을 해낼 수 있었던 것일까요? 그 답은 누나의 타고난 종족에 있습니다.

> 그녀는 인류의 약 70%에 해당하는
> 에너자이저 종족이며,
> 그중에서도 스피드 에너자이저에 해당합니다.

순수 에너자이저가 차례차례 계단을 오르는 사람이라면, 스피드 에너자이저는 융통성 있게 이리저리 자신이 원하는 대로 계단을 오르는 사람입니다. 잠시도 가만히 있지 않고, 빠르게 움직이며 바쁘게 살아갑니다.

마음먹음과 동시에 행동으로 옮기는 빠른 추진력은 이들의 장점이지만, 속도에만 집중하면 일을 처리하는 과정에서 실수하거나 놓치는 부분이 생길 수 있으므로 주의해야 합니다.

또한 넘치는 에너지와 빠른 판단력으로 여러 가지 일을 동시에 처리할 수 있지만, 어느 순간 자신이 왜 이 일을 하는지 회의감이 들고 갑작스럽게 모든 것이 버겁게 느껴질 수도 있습니다.

이들도 순수 에너자이저처럼 선택의 순간마다 몸에서 느껴지는 즉각적인 반응을 따를 때 만족과 행복을 느낄 수 있습니다.

그러나 머리로만 깊이 고민한 뒤 선택한 일이 원하는 대로 풀리지 않을 경우, 큰 좌절은 물론 분노까지 느끼게 되기도 합니다.

따라서 이들에게는 매 순간 몸이 보내는 메시지에 귀를 기울이며 결정하는 연습이 필요합니다.

스피드 에너자이저가 기억해야 할 3가지

· 반응하고, 한 번 더 확인하기
· 우선순위를 정하고 하나씩 처리하기
· 체력만 믿고 무작정 달리지 않기

특징	활력 센터가 정의되어 있고, 빠르게 여러 일을 동시에 해내는 멀티태스커
행동 방식	외부의 요청이나 환경, 상황에 자연스럽게 반응하며 에너지를 사용
장점	빠른 실행력, 창의성, 유연한 문제 해결 능력, 상황 대처 능력 우수
주의점	너무 빠르게 행동하다 보면 놓치는 부분이 있으므로 중간 점검이 필요
나다운 상태 (Self)	만족감 + 평화로움, 다이나믹하고 활력 넘침
나답지 않은 상태 (Not Self)	좌절감 + 분노, 빠른 결정 뒤 후회, 과부하로 인한 피로

스피드 에너자이저
종족
솔루션

내가 진심으로 좋아하는 일을 할 때,
자연스럽게 활력이 살아납니다.

스피드 에너자이저 종족은 자신이 좋아하는 일에는 누가 시키지 않아도 시간과 에너지를 아낌없이 쏟는 종족입니다.

반면, 흥미가 없는 일에는 의욕이 잘 생기지 않아, 일을 미루거나 무심한 태도가 드러나는 경우도 많습니다. 물론 인생에서 좋아하는 일만 하며 살 수는 없지만, 자신의 결정 방식에 따라 선택하고 움직이면 후회를 줄일 수 있습니다.

자신에게 맞는 환경과 리듬을 만들어 가는 것이 무엇보다 중요합니다.

CHAPTER 2 천천히 오래 가는가, 빠르게 강하게 터지는가

에너자이저 vs. 스피드 에너자이저
차이점

에너자이저와 스피드 에너자이저는 모두 타고난 활력과 꾸준한 에너지를 가진 사람들입니다. 두 종족 모두 몸속에서 에너지가 자연스럽게 채워지는 '활력 센터'가 있어서, 다른 사람들보다 에너지가 꾸준하게 흐르는 공통점을 가지고 있습니다.

하지만 두 타입은 에너지를 사용하는 방식에 차이가 있습니다.

먼저, 에너자이저는 천천히 단계를 밟아가며 꾸준히 나아가는 스타일입니다. 마치 계단을 한 칸씩 차분하게 올라가는 사람처럼, 안정적이고 신중하게 에너지를 쓰는 것이 특징입니다.

한번 시작한 일은 끝까지 해내려는 끈기와 인내심이 강해, 오랫동안 꾸준히 노력하는 데에 강점을 가집니다.

반대로, 스피드 에너자이저는 추진력이 빠르고 행동도 빠른 편입니다.

일이 눈앞에 보이면 바로 반응하고 움직이며, 여러 가지 일을 동시에 하고 싶어 하는 경우가 많습니다. 덕분에 빠르게 시작하고 빠르게 결과를 만들 수 있는 능력이 있지만, 너무 서두르면 중간에 실수하거나 지치기 쉬운 점도 있습니다.

정리하면, 에너자이저는 '꾸준하고 안정적인 종족', 스피드 에너자이저는 '빠르고 유연하게 움직이는 종족'이라고 볼 수 있습니다.

CHAPTER 2 머리가 아닌 몸으로 반응하는 법

천골반응 이해 및 캐치하는 방법

천골반응 쉽게 이해하기

활력 센터가 정의된 에너자이저와 스피드 에너자이저는 중요한 결정을 할 때 머리가 아닌 '몸의 반응'을 통해 선택하는 종족입니다. 이때 핵심이 되는 것이 바로 천골반응입니다.

천골반응은 머리로 깊게 고민해서 내리는 답이 아니라, 몸속 깊은 곳, 특히 배(천골) 부근에서 자연스럽게 올라오는 느낌입니다.

천골반응이란 무엇인가요?

천골반응은 배 부근에서 자연스럽게 느껴지는 아주 단순한 '네(Yes)' 또는 '아니오(No)'의 신호입니다. 누군가 질문했을 때, 머리로 복잡하게 고민하기 전에 몸이 먼저 반응하는 것이 특징입니다.

질문을 듣고 무심코 "응!" 하는 소리를 내거나, 고개를 끄덕이거나, 몸이 앞으로 살짝 기울어진다면 이것이 바로 'Yes' 반응입니다.

반대로 몸이 뒤로 물러나거나, 찝찝하고 불편한 느낌이 든다면 'No' 반응으로 볼 수 있습니다.

처음에는 이 반응이 잘 느껴지지 않을 수도 있지만, 꾸준히 연습하면 점점 더 뚜렷하게 느껴지게 됩니다.

천골반응, 어떻게 캐치하나요?

천골반응을 잘 느끼려면 먼저 '네' 또는 '아니오'로 대답할 수 있는 질문을 받아보는 것이 좋습니다. 예를 들어, "이 일을 지금 할까요?", "이 사람과 약속을 잡을까요?"처럼 단순한 질문이 도움이 됩니다.

질문을 들었을 때는 머리로 고민하기보다 몸이 어떻게 반응하는지 살펴보는 것이 좋습니다.

몸이 편안하고 자연스럽게 앞으로 기울어지거나, 긍정적인 느낌이 든다면 'Yes'입니다. 반대로 몸이 뒤로 물러나거나 답답하고 무거운 느낌이 든다면 'No'로 받아들이면 됩니다.

천골반응, 이렇게 활용하세요.

천골반응은 크고 작은 모든 상황에서 활용할 수 있습니다. 중요한 일이 아니어도, 카페에서 메뉴를 고를 때, 오늘 누구를 만날지 결정할 때처럼 일상 속 선택에도 사용할 수 있습니다.

특히 중요한 결정을 해야 할 때 몸의 반응이 애매하거나 잘 느껴지지 않는다면, 급하게 결정하지 않고 시간을 두고 다시 질문해 보는 것도 좋습니다.

시간이 지나면 더 분명한 느낌을 받을 수 있습니다.

작은 팁

처음에는 '이게 맞나?' 싶은 정도로 미묘할 수 있습니다.

그러나 자주 연습하면 내 몸이 보내는 신호를 점점 더 잘 느낄 수 있게 됩니다.

천골반응은 마치 몸속에 숨겨진 내비게이션과 같습니다. 잘 활용하면 후회 없는 선택을 할 수 있는 중요한 안내자가 되어줄 것입니다.

CHAPTER 2 혁신주도가(Manifestor) 종족

혁신주도가(Manifestor)
스스로 결정하며 이끄는 종족

휴먼디자인에서 혁신주도가는 전체 인구의 약 9%를 차지하는 종족으로, 행동의 시작을 이끄는 사람입니다.

이들은 타인의 반응을 기다리기보다는 스스로 먼저 나서서 새로운 흐름을 만들고, 프로젝트를 시작하거나 조직을 이끌며 아이디어를 현실로 만드는 강력한 에너지를 지니고 있습니다.

하지만 혁신주도가는 활력 센터가 정의되지 않아 에너지가 일정하지 않고, 충동적으로 몰아치는 경향이 있습니다. 그래서 자유롭게 움직일 수 있는 환경이 중요하고, 반복적이거나 통제된 상황에서는 스트레스를 쉽게 받을 수 있습니다.

이들에게 가장 중요한 것은 '알리기'입니다. 자신이 무엇을 하려고 하는지 주변에 미리 알려주면 불필요한 마찰을 피하고, 더 원활하게 에너지를 사용할 수 있습니다.

CHAPTER 2 혁신주도가(Manifestor) 종족

혁신주도가가
분노를 잘 다스리는 방법

혁신주도가는 스스로 일을 시작하고, 타인의 반응을 기다리지 않는 종족입니다. 독립적인 성향이 강해 혼자서 행동하려는 습관이 있지만, 이에 따라 주변 사람들이 오해할 수 있습니다.

이런 상황을 피하고자 몇 가지 습관을 실천하는 것이 도움이 됩니다.

첫 번째, 자신의 계획이나 의도를 주변에 미리 알려주는 것이 중요합니다. 혁신주도가는 독립적으로 움직이지만, 주변 사람들이 자신의 계획을 모르면 불필요한 마찰이 생길 수 있습니다. 미리 알려주면 더 원활하게 일을 진행할 수 있습니다.

두 번째, 불편하거나 분노를 느낄 때 이를 바로 전달하는 것이 좋습니다. 갑자기 화를 내면 다른 사람들이 당황할 수 있으므로, 불편한 감정을 미리 알려주는 것이 중요합니다.

세 번째, 내가 먼저 시작할 수 있는 일이 있다면 주저하지 말고, 시작하는 것이 좋습니다. 주변 사람들이 뭔가를 시작하지 못하면 내가 먼저 시작하거나, 그들이 시작할 수 있도록 도와주는 것이 필요합니다.

마지막으로, 충분히 휴식을 취하는 것도 중요합니다. 혁신주도가는 강한 에너지를 지니고 있지만, 과도하게 사용하면 쉽게 피로해질 수 있습니다. 휴식은 새로운 일을 시작하기 위한 중요한 준비 과정임을 기억해야 합니다.

EP. 혁신주도가(Manifestor) 종족

언니 앞에서
유독 작아지는 우리 가족,
이유는 무엇일까?

여느 때처럼 평화롭던 혜린이 가족의 주말. 갑작스러운 친언니의 폭탄선언으로 인해 가족 모두 넋이 나갔습니다. 과연 무슨 일이 벌어진 것일까요?

온 가족을 놀라게 만든 소식은 바로 친언니의 결혼 소식이었습니다. 평소 범접하기 힘든 아우라로 인해 친해지기 어려운 언니에게 결혼을 약속한 상대가 있다는 것도 놀라웠지만, 그 상대가 가족이 예상했던 사람이 아닌 전혀 다른 사람이었다는 점은 더욱 충격이었습니다. 가족들은 언니의 돌발선언에 당황했지만 이내 진심으로 축하와 격려를 전했습니다.

다정하고 속 깊은 언니지만, 예측하기 힘든 돌발행동과 성격을 예비 형부가 어떻게 대처할지, 오해로 다툼이 생기지 않을지 걱정 반, 기대 반의 심정으로 결혼을 잘 치러주었습니다.

아니나 다를까, 우려한 대로 형부는 결혼 후 언니의 기에 눌려 늘 언니의 눈치를 살피기에 바빴고, 가족들은 그런 형부를 지켜보며 동병상련의 마음으로 더 많이 챙겨주었습니다.

도대체 언니는 어떤 아우라를 내뿜길래, 온 가족들이 친언니와 한 공간에 있거나 친언니의 작은 행동만으로도 긴장감을 느끼고 눈치를 보는 걸까요? 그 이유는 바로 혜린이의 언니가 혁신주도가 종족이기 때문입니다.

인류의 약 9%에 해당하는
이들의 에너지는 어떤 종족의 에너지보다
밀어내듯 강하고 차갑게 느껴질 수 있습니다.

주도적으로 행동하는 혁신주도가 종족은 별 의미 없는 사소한 행동만으로도 주변 사람들에게 큰 영향을 미칩니다.

이들은 원하는 것을 즉각 실행하려는 에너지가 크기 때문에, 주변에서는 왠지 무슨 일을 저지를 것 같은 느낌에 본능적으로 그들의 행동을 제어하고 간섭하려 할 수 있습니다.

혁신주도가 종족의 메커니즘을 이해하면, 그들이 왜 간섭과 통제에 예민하고 의도치 않게 저항적인 아우라를 내뿜는지 짐작할 수 있습니다.

주변 사람들에게 중얼거리듯이 '알리기'만 선행하여도 긴장감은 해소되고 편안한 관계를 유지할 수 있을 것입니다.

혁신주도가가 기억해야 할 3가지

- 주변 사람들에게 내 의도를 미리 알리기
- 내가 시작할 수 있는 일은 먼저 시작하기
- 무리하지 않도록 체력 관리에 신경 쓰기

특징	독립적, 시작하는 힘이 강함, 활력 센터가 정의되어 있지 않음
행동 방식	스스로 아이디어를 떠올리고 계획하며, 주도적으로 시작함
장점	강한 추진력, 주도성, 카리스마, 독립적 실행 능력
주의점	타인을 배제할 수 있음. 사전에 알리고 소통하는 연습이 필요
나다운 상태 (Self)	평화로움, 자유로움
나답지 않은 상태 (Not Self)	분노, 통제받는 느낌

혁신주도가
종족
솔루션

하고 싶은 일이 있다면,
먼저 주변 사람들에게 알려주세요.

혁신주도가는 '지금 바로 이걸 해보자!'라는 생각이 들면, 그 아이디어를 곧바로 현실로 옮기고 싶어 하는 에너지를 가진 종족입니다. 그런데 이런 추진력이 누군가의 간섭이나 통제로 막히게 되었다고 느껴지면, 갑자기 화가 나거나 감정이 폭발할 수 있습니다.

이런 성향을 스스로 잘 이해하고, 내가 무엇을 하려는지 미리 주변에 살짝 알려주기만 해도 많은 오해를 줄일 수 있습니다. 오히려 그 이야기를 들은 사람들이 함께 도와주며 같은 방향으로 나아가는 상황이 자연스럽게 만들어질 수 있습니다.

CHAPTER 2 가이드(Projector) 종족

가이드(Projector) 사람들에게 적절한 조언을 전하는 종족

휴먼디자인에서 가이드는 전체 인구의 약 20%를 차지하는 종족입니다.

가이드는 사람이나 조직의 흐름을 정확하게 읽고, 그 흐름에 맞춰 적절한 방향을 제시하는 '안내자' 혹은 '조언자' 역할을 합니다.

이들은 타인의 에너지를 잘 파악하고, 필요한 때에 그에 맞는 조언을 제공하는 데 뛰어난 능력을 지니고 있습니다.

가이드는 스스로 에너지를 지속적으로 생성하는 종족은 아닙니다. 그래서 스스로 일을 시작하거나 계속해서 바쁘게 움직이기보다는, 다른 사람의 에너지를 읽고, 주변이 초대할 때만 자연스럽게 자신의 힘을 발휘하는 스타일입니다.

무작정 움직이기보다는, 필요한 순간에 정확하게 개입하여 도움을 주는 것이 더 잘 맞는 방식입니다. 그리고 활동 후에는 충분한 휴식이 필요합니다.

가이드에게 가장 중요한 것은 '초대'입니다. 누군가 "도와주면 좋겠습니다"라고 진심 어린 요청을 받을 때, 가이드는 그들의 능력을 발휘하고 깊은 만족감을 느낍니다.

반면, 초대받지 않았을 때 나서서 조언하거나 개입하려고 하면, 거절당하거나 불편한 관계를 만들 수 있습니다. 이런 상황에서 상처받거나 스스로 위축될 수 있기 때문에, 초대를 기다리는 것이 중요합니다.

CHAPTER 2 가이드(Projector) 종족

가이드가
쓸쓸함을 느끼지 않는 방법

가이드는 스스로 앞장서기보다는, 사람이나 상황을 잘 읽고 흐름을 맞추는 데 강한 종족입니다.

또한 눈에 띄게 바쁘게 움직이기보다, 누군가가 "도와줄 수 있나요?"라고 요청할 때 자연스럽게 힘을 발휘하는 스타일입니다.

그래서 가끔은 주변 사람들에게 "왜 가만히 있지?"라는 오해를 살 수 있지만, 몇 가지 습관을 실천하면 더욱 편안하게 자신의 능력을 발휘할 수 있습니다.

첫 번째, 먼저 나서기보다는 '기다리는 연습'을 하는 것이 좋습니다. 가이드는 누군가가 초대해 줄 때 에너지가 잘 흐르기 때문에, 먼저 뛰어들기보다는 상황을 지켜보다가 자연스럽게 연결될 때 움직이는 것이 더 어울립니다.

두 번째, 조언을 줄 때는 '타이밍'을 잘 맞추는 것이 중요합니다. 아무리 좋은 말이라도 상대가 원하지 않을 때 간섭처럼 느껴질 수 있기 때문에, 누군가가 "어떻게 생각해요?"라고 물어올 때 조심스럽게 이야기하는 습관을 들이면, 오히려 말의 무게가 더 크게 전달됩니다.

세 번째, 혼자만의 시간을 반드시 챙기시기를 바랍니다. 가이드는 에너지가 항상 넘쳐나는 종족이 아니므로, 사람들과 어울린 후에는 조용히 재충전할 시간이 꼭 필요합니다. 휴식은 자신의 능력을 잘 발휘하기 위한 중요한 과정입니다.

마지막으로, 너무 조급해하지 않아도 괜찮습니다. 가이드는 직접 무언가를 해내는 사람이라기보다는, 주변 사람이나 상황을 더 나은 방향으로 이끌어 주는 사람입니다.

자신을 '느린 사람'이라 여기기보다는 '정확한 순간에 필요한 역할을 해내는 사람'임을 기억하는 것이 중요합니다.

EP. 가이드(Projector) 종족

늘 열심히 사는데
왜 아무도 인정을 안 해줄까?

회사 생활 3년 차에 접어든 현수는 어떻게 하면 회사에서 인정받을 수 있을지, 승진에 도움이 되는 프로젝트가 무엇일지 고민하며 하루하루를 치열하게 보내고 있습니다.

쉬는 날도 없이 자기계발에 몰두하고, 회의에서 앞장서 아이디어도 제안해 보지만, 돌아오는 반응은 생각보다 냉담합니다.

아무리 열심히 해도 주변의 인정을 받지 못하자 현수는 점점 의욕과 자신감을 잃어갔고, 결국에는 모든 원인을 자신에게서 찾기 시작합니다.

왜 이런 일이 반복되는 걸까요? 알고 보니 현수의 타고난 에너지 성향은 가이드 종족이었습니다.

> 전체 인구의 약 20%를 차지하는 가이드는
> 누군가를 이끌고 조언을 주는 데에
> 타고난 재능이 있는 사람들입니다.

직접 나서서 움직이기보다는, 사람이나 상황을 관찰하고 그 흐름을 조율하는 역할에 강점이 있는 종족입니다.

그런데 대부분의 가이드는 이 사실을 모른 채, 다른 사람들처럼 열심히 움직이고 스스로 앞장서려 하다가 지치거나 쉽게 번아웃에 빠지기도 합니다.

아무리 열심히 해도 인정받지 못하는 아이러니한 상황이 반복되는 이유는, 자신에게 맞는 방식이 아니기 때문입니다.

그렇다면 가이드 종족이 인정받기 위해서는 어떻게 해야 할까요?

그 해답은 바로 '초대받는 것'입니다. 나의 능력과 가능성을 알아보는 사람이 정식으로 요청(초대)을 해올 때, 그 순간이야말로 진짜 실력을 보여줄 최고의 기회입니다.

스스로 먼저 나서기보다는, 누군가가 나를 필요로 하고 정중하게 부탁해 올 때 힘을 발휘해 보세요. 그렇게 실력을 보여준다면, 어느 순간 사람들은 나를 신뢰하고 인정하게 될 것입니다.

이 과정은 가이드 종족이 삶에서 가장 중요하게 여기는 '성공'으로 이어지는 길이기도 합니다.

가이드가 기억해야 할 3가지

· 먼저 나서기보다, 초대를 받을 때까지 기다리기
· 조언은 상대가 필요할 때만 전달하기
· 충분한 휴식과 혼자만의 시간 갖기

특징	안내자, 조언자의 역할을 잘함, 활력 센터가 정의되어 있지 않음
행동 방식	자신의 재능을 인정하고 초대해 주는 사람과 함께할 때 진가를 발휘
장점	깊이 있는 통찰력, 타인의 재능을 알아보는 능력
주의점	초대 없이 조언할 경우, 관계에서 오해와 거리감이 생기기 쉬움
나다운 상태 (Self)	성공감, 인정받는 느낌, 누군가에게 필요하다는 만족감
나답지 않은 상태 (Not Self)	씁쓸함, 무시당하는 느낌, 인정받지 못한다는 실망감

가이드
종족
솔루션

나의 가치를 알아보는 사람의
제안을 기다려 보세요.

스스로 먼저 나서기보다, 누군가가 "도움이 필요해요"라고 말해줄 때 움직이는 것이 더 좋습니다.

준비되지 않은 상황에서 먼저 나서게 되면, 예상치 못한 거절이나 무시로 인해 마음에 상처받을 수 있습니다.

나는 이미 충분히 재능 있는 사람입니다. 누군가가 진심으로 도움을 요청할 때 그 실력을 발휘한다면, 평소보다 더 큰 인정과 칭찬을 받을 수 있습니다.

CHAPTER 2 거울(Reflector) 종족

거울(Reflector)
주변 환경과 사람들을
그대로 비추는 종족

휴먼디자인에서 거울은 전체 인구의 약 1%만 해당하는 매우 특별한 종족입니다. 거울은 모든 에너지 센터가 열려있어, 세상과 사람들의 에너지를 그대로 비추는 '거울 같은 존재'입니다.

거울은 특정한 고정된 성향이나 에너지를 지닌 종족이 아닙니다. 주변 환경이나 사람들의 영향에 따라, 매일 그리고 순간마다 자신의 분위기와 상태가 달라질 수 있는 매우 유연한 특성을 가집니다.

그러므로 한 가지 모습으로 자신을 정의하기보다는, 자연스럽게 변화하는 흐름을 받아들이는 것이 거울에게는 더 어울리는 삶의 방식입니다.

이 종족은 빠른 결정보다는 시간을 들여 자신을 관찰하는 과정이 중요합니다. 중요한 결정을 내릴 때는 달의 주기(약 28일) 동안 천천히 자신의 감정과 생각을 지켜보는 것이 좋습니다. 그렇게 시간을 들이면, 진짜 자신의 마음이 무엇을 원하는지 더 분명하게 알 수 있습니다.

또한 거울은 외부로부터 많은 영향을 받기 때문에, 조용하고 편안한 공간에서 혼자만의 시간을 보내며 중심을 회복하는 것이 매우 중요합니다. 매일 다양한 에너지에 노출되는 만큼, 자신만의 리듬과 휴식이 필요합니다.

CHAPTER 2 거울(Reflector) 종족

거울이 주변 환경에
너무 휘둘리지 않는 방법

거울은 하루하루 모습이 달라질 수 있는 매우 유연하고 특별한 종족입니다.

고정된 성향보다는 주변 사람들과 환경에 따라 자연스럽게 달라지는 것이 특징이며, 흐름 속에서 자신을 바라보는 태도가 무엇보다 중요합니다.

다음과 같은 습관을 실천하면 더 편안한 일상을 보낼 수 있습니다.

첫 번째, 결정을 내릴 때는 충분한 시간을 보내는 것이 좋습니다. 거울은 빠르게 판단하기보다, 약 한 달(달의 주기) 동안 감정과 생각의 변화를 지켜보며 결정하는 것이 자연스럽습니다. 시간을 들여 관찰하면 어느 순간 분명한 답이 떠오르게 됩니다.

두 번째, 주변 환경을 객관적으로 바라보는 태도가 필요합니다. 거울은 외부의 영향을 매우 민감하게 흡수하기 때문에, 사람들과의 관계, 공간, 분위기 등이 자신의 상태에 큰 영향을 줍니다. 불편한 환경에 오래 머물게 되면 쉽게 지치고 혼란을 느낄 수 있으므로, 자신에게 편안한 장소와 사람들을 선택하는 것이 중요합니다.

세 번째, 매일 혼자만의 시간을 통해 자신을 리셋하는 습관을 들이시기를 바랍니다. 하루 종일 많은 감정과 에너지를 흡수하는 거울에게는 고요하고 안정된 혼자만의 시간이 필수입니다. 계속해서 타인과 함께 있으면 자신만의 중심을 잃기 쉬우므로, 규칙적으로 나만의 리듬으로 돌아오는 시간이 필요합니다.

마지막으로, 변화무쌍한 자신을 그대로 받아들이는 태도가 중요합니다. 거울은 오늘은 활기차고 내일은 조용할 수 있습니다. 이러한 변화는 불안정함이 아니라, 오히려 거울 종족의 고유 아름다움이자 섬세한 감각입니다.

자신을 '흐름을 비추는 거울'이자, '세상의 리듬을 감지하는 민감한 센서'로 바라보는 것이 거울에게 더 건강하고 자연스러운 삶의 방식입니다.

EP. 거울(Reflector) 종족

상황에 따라 매번 다른 모습을 보이는 나 자신, 그 이유는 무엇일까?

오랜만에 소개팅을 하게 된 서희는 살짝 긴장한 마음으로 민우를 만났습니다. 처음이라 그런지 자연스레 행동이 조심스러워졌고, 말투와 태도도 한층 차분해졌습니다.

평소처럼 상대방 이야기에 귀 기울이고 배려하며 대화를 나누다 보니, 민우도 편안해하는 것 같아 서희는 다행이라고 느꼈습니다.

몇 번 더 만나는 동안 민우는 서희를 '조용하고 신중한 사람'으로 생각하게 된 듯했습니다. 서희 역시 그런 모습으로 인식되는 게 나쁘지 않아 자연스럽게 연락을 이어갔습니다.

그런데 예상치 못한 순간, 서희는 회사 지인 모임에서 우연히 민우를 다시 만나게 되었습니다. 반가운 마음도 잠시, 서희는 순간 당황하고 말았습니다. 왜냐하면 그 모임에서의 자신의 모습은 민우가 알고 있던 이미지와 전혀 달랐기 때문입니다.

회사 사람들과 있을 때, 서희는 훨씬 활발하고 유쾌한 사람이었습니다. 농담도 잘하고, 사람들과 자연스럽게 어울리며 분위기를 이끄는 편이었기에, 민우가 자신을 이상하게 보지는 않을지 걱정이 되었습니다.

하지만 서희 입장에서는 그 모습 역시 평소 그대로의 자신이었습니다. 서희는 '거울 종족'으로, 함께 있는 사람이나 공간, 분위기에 따라 말투와 행동, 에너지가 자연스럽게 달라지는 성향을 가지고 있습니다.

고정된 에너지가 거의 없어서
누구와 함께하느냐, 어떤 환경에 있는가에 따라
전혀 다른 모습을 보여주곤 합니다.

또한 거울 종족은 중요한 결정을 내릴 때 하루이틀 만에 답을 내리기 어렵습니다. 약 28일, 달의 주기를 따라 자신을 천천히 관찰하고 다양한 상황을 겪어보며 마음을 정리하는 시간이 꼭 필요합니다.

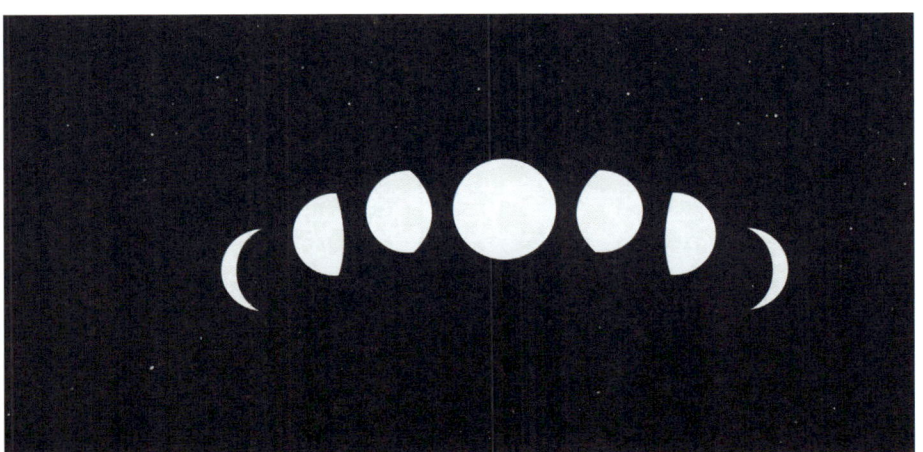

서희는 문득 걱정이 들었습니다. '혹시 민우가 이런 내 모습을 낯설게 느끼진 않을까?'

하지만 또 한편으로는 이런 변화하는 모습까지 이해해 주는 사람이 있다면, 그게 진짜 건강하고 자연스러운 관계 아닐까 하는 생각도 들었습니다.

거울 종족에게 가장 편안하고 진짜다운 만남은 서두르지 않고 천천히 서로를 알아가는 과정입니다. 서희는 그게 바로 자신에게 어울리는 관계라고 느끼고 있었습니다.

거울이 기억해야 할 3가지

- 최소 한 달 동안 천천히 지켜보며 판단하기
- 한 걸음 물러나 객관적인 시선으로 바라보기
- 혼자만의 시간과 공간에서 충분히 쉬기

특징	모든 센터가 미정의되어 있음, 외부환경과 사람들의 영향을 강하게 받음
행동 방식	약 28일간의 달 주기를 지나며 충분히 시간을 가진 뒤에 판단
장점	탁월한 관찰력, 깊은 공감 능력, 환경을 비추는 거울 같은 존재
주의점	빠른 판단은 피하기, 주변의 감정이나 에너지에 과도하게 휘둘리지 않기
나다운 상태 (Self)	놀라움, 신선한 감각, 유연한 자기 수용
나답지 않은 상태 (Not Self)	실망감, 혼란, 자기 상실

거울
종족
솔루션

조금 느리더라도
한 달 정도 여유를 두고 고민해 보세요.

거울 종족은 결정을 내릴 때 한 가지 관점에만 집착하지 않고, 있는 그대로 느끼고 관찰하는 것을 중요하게 여깁니다.

마치 달이 매일 조금씩 모습을 바꾸듯, 거울 종족도 시간을 들여 천천히 결정하는 것이 편한 방식입니다. 이러한 '달 주기 결정 방식' 덕분에 무언가를 결정하기까지 시간이 오래 걸리고, 주변의 다양한 의견을 참고하게 됩니다.

그래서 다른 사람들에게는 답답하거나 자기주장이 약하다고 보일 수 있지만, 이렇게 신중하게 고민해 내린 결정은 결국 자신에게 가장 도움이 되는 방향으로 이어집니다.

CHAPTER

3
사회적 성향

살다 보니 알게 되었다.
가장 나다운 게 맞다는 것을…

사회적 성향의 개념

1, 2, 3번 라인은 '내향적인 성향'을 나타내며 '1층'에 해당됩니다.
4, 5, 6번 라인은 '외향적인 성향'을 나타내며 '2층'에 해당됩니다.

CHAPTER 3 사회적 성향(Profile)

상호작용 방식을
나타내는 사회적 성향

휴먼디자인에서는 누구나 태어날 때부터 고유한 '사회적 성향'을 가지고 있다고 봅니다. 이 성향은 1라인부터 6라인까지의 숫자 중 두 개가 짝을 이루는 형태로, 총 12가지 조합으로 나타납니다.

앞에 오는 숫자는 본인도 인식하고 타인도 알아볼 수 있는 '의식적인 성향'을 의미하고, 뒤에 오는 숫자는 타인은 알아차릴 수 있지만 본인은 잘 인지하지 못하는 '무의식적인 성향'을 나타냅니다.

예를 들어 사회적 성향이 1/3인 사람이라면, 앞에 있는 1라인 성향은 본인도 잘 알고 자주 인식하는 모습이고, 뒤에 있는 3라인 성향은 본인은 잘 모르지만, 주변 사람들이 자연스럽게 느끼는 모습이라고 생각하면 이해하기 쉽습니다.

이 사회적 성향 조합을 통해 각자의 타고난 기질, 행동 방식, 소통 스타일 등을 이해할 수 있습니다.

또한 나와 상대방의 사회적 성향을 비교해 보면, 서로 잘 맞는 관계인지 혹은 갈등이 생기기 쉬운 관계인지 파악할 수 있어 더 건강한 관계를 만들어 가는 데 도움이 됩니다.

CHAPTER 3 사회적 성향(Profile)

사회적 성향을 이루는 기본 요소인 라인

휴먼디자인에서 라인은 1라인부터 6라인까지 총 여섯 가지로 구성되어 있으며, 이 중 두 개의 숫자가 조합되어 개인의 '사회적 성향'을 형성합니다.

앞자리는 자신도 인식하고 있는 '의식된 성향'을 의미하고, 뒷자리는 타인은 인지하지만 정작 본인은 잘 모를 수 있는 '무의식적인 성향'을 나타냅니다.

이 라인 조합은 단순히 성격을 넘어서, 사람들과 관계를 맺는 방식, 일하는 스타일, 스트레스를 받을 때의 반응, 그리고 삶에서 어떻게 성장해 가기까지 다양한 측면을 설명해 주는 중요한 요소입니다.

사회적 성향(Profile)

1/3	실험적 연구가
1/4	사교적 연구가
2/4	사교적 천재
2/5	영웅적 천재
3/5	영웅적 모험가
3/6	현명한 모험가
4/6	현명한 사교가
4/1	탐구적 사교가
5/1	탐구적 해결사
5/2	천재적 해결사
6/2	천재적 현자
6/3	실험적 현자

1라인 연구가

어떤 일이든 '기초'와 '원리', '원칙'을 매우 중요하게 여깁니다. 겉핥기식 접근은 만족스럽지 않으며, 스스로 이해할 수 있을 만큼 충분히 깊이 파고들어야 안심이 됩니다.

그래서 무언가를 새롭게 배울 때 시간이 오래 걸릴 수 있지만, 일단 본인이 확실히 이해하고 나면 그 누구보다 탄탄한 지식과 기반을 바탕으로 전문가 수준의 역량을 발휘할 수 있습니다. 안정적인 기반 위에서 자신감을 느끼는 타입이기 때문에, 처음에는 조심스럽고 느리게 보일 수 있지만 시간이 지날수록 믿음직한 존재로 자리 잡게 됩니다.

2라인 천재

혼자 있는 시간을 편안하게 느끼며, 조용한 환경에서 좋아하는 일에 몰입하는 것을 즐깁니다. 외향적으로 나서기보다는, 누군가 자신을 알아보고 불러줄 때 진가를 발휘하는 타입입니다.

본인도 잘 인식하지 못한 특별한 재능을 지닌 경우가 많으며, 깊이 파고들지 않아도 빠르게 익히고 자신의 것으로 만드는 능력이 있습니다. 나만의 재능은 누군가가 그것을 알아보고, 함께하자고 초대할 때 더욱 빛을 발합니다.

3라인 모험가

3라인은 직접 부딪히며 배우는 '체험형 학습자'입니다. 이들은 머리로 이해하거나 남의 말을 듣는 것만으로는 만족하지 못하고, 반드시 직접 해봐야 확신이 생깁니다.

시행착오는 당연한 과정이며, 실수도 중요한 배움의 일부라고 여깁니다. 고장 난 것, 불편한 시스템 등을 잘 포착하고, 개선하려는 의지도 강합니다. 반복되는 도전 속에서 현실적인 지혜를 쌓아가며, 결국에는 다른 사람에게도 실질적인 도움을 줄 수 있는 존재로 성장합니다.

4라인 사교가

4라인은 관계를 통해 세상과 연결되는 '관계 중심형'입니다. 처음엔 낯을 가릴 수 있지만, 친해지면 따뜻하고 진심 어린 모습을 보여줍니다.

이들은 신뢰할 수 있는 사람들과의 관계 속에서 안정감과 자신감을 얻고, 그 안에서 실력을 발휘합니다. 소개나 추천을 통해 기회를 얻는 경우가 많아서, 평소 관계를 소중히 여기고 신뢰를 유지하려는 태도가 강합니다. 4라인은 사람을 잇고, 관계 안에서 빛나는 진정한 '관계 전문가'입니다.

5라인 해결사

5라인은 실용성과 문제 해결 능력을 갖춘 '해결사' 타입입니다. 주변 사람들은 자연스럽게 '이 사람이 해결해 줄 거야'라는 기대를 하며, 5라인은 자주 주목받고 큰 기대 속에 놓이게 됩니다.

가만히 있어도 이런 기대가 따라오기 때문에, 때로는 부담스럽게 느껴질 수 있습니다. 그래서 5라인에게 중요한 것은 내가 책임질 수 있는 일과 그렇지 않은 일을 명확히 구분하고, 감당할 수 있는 일에만 나서는 것입니다.

6라인 현자

6라인은 현실의 작은 문제보다는 더 크고 이상적인 방향을 바라보는 성향을 지닌 타입입니다. 눈앞의 성과보다 큰 그림을 중요하게 여기며, 오래도록 의미 있는 결과를 추구하는 경향이 있습니다.

당장의 상황에 깊이 개입하기보다는 한 걸음 물러나 전체 흐름을 바라보며 판단하려 합니다. 경험을 통해 얻은 통찰을 바탕으로 조언하거나 방향을 제시할 수 있으며, 나눔과 모범을 통해 신뢰와 존경을 얻는 조용하지만 깊이 있는 리더입니다.

⟨ 6라인만의 특별한 성장 과정 ⟩

6라인을 가진 사람들은 인생을 세 가지 주요 단계를 거치며 천천히 성장해 나가는 흐름을 가지고 있습니다. 이 과정을 통해 삶에 대한 깊은 통찰과 자신만의 시선을 갖게 되며, 자연스럽게 주변 사람들에게 긍정적인 영향을 주는 존재로 자리 잡게 됩니다.

첫 번째 시기 (약 30세 전까지)	실수와 시행착오를 겪으며 세상과 부딪히는 시기
두 번째 시기 (약 30~50세 전후)	외부보다 내면에 집중하며 자신을 정비하고 삶의 기준을 세워감
세 번째 시기 (50세 이후)	그동안 쌓아온 경험과 지혜를 바탕으로 자연스럽게 사람들에게 영향을 주고, 롤모델로서 자리 잡게 됨

1/3(실험적 연구가)

1라인(의식)
무엇이든 원리와 원칙을 먼저 이해하고, 충분히 연습하고 익힌 후에야 비로소 결과를 얻는 성향이며, 기본부터 차근차근 쌓아가는 것을 중요하게 여기는 성향.

3라인(무의식)
새로운 것을 시도하는 데 두려움이 없고, 직접 부딪히며 배우는 성향이며, 시행착오를 겪으며 경험을 쌓는 성향.

CHAPTER 3 사회적 성향 1/3(실험적 연구가)

사회적 성향 1/3
실험적 연구가

사회적 성향 1/3은 연구가(1라인)와 실험가(3라인)의 조합으로 이루어진 성향입니다. 이 조합은 탄탄한 기반을 쌓으려는 욕구와 직접 부딪히며 배우려는 행동력이 동시에 존재하는 성향입니다.

1라인은 안정감을 느끼기 위해 지식과 정보를 갈망하며, 모든 것을 완벽히 이해하고 나서야 안심하는 성향을 보입니다. 반면 3라인은 이론만으로는 이해하지 못하고, 직접 부딪히며 깨지고 다시 일어나며 배우는 성향을 보입니다.

이처럼 사회적 성향 1/3을 가진 사람은 '알고 → 해보고 → 다시 점검하는' 과정을 자연스럽게 반복하며 성장합니다.

실패를 겪어야 안심이 되는 사람, 직접 체험해야 진짜로 이해되는 사람, 하지만 준비되지 않으면 불안해지는 사람. 1/3은 그런 두 가지 욕구를 동시에 품고 있는 흥미롭고, 현실적인 성향입니다.

실험적 연구가인 1/3은 이론과 실전, 안정과 실험 사이를 오가며 살아가는 성향입니다. 준비 없이 무작정 시작할 수는 없지만, 머릿속 이론만으로는 만족하지 못하기에 반드시 직접 부딪히고 경험해 봐야 안심이 됩니다.

그래서 1/3은 겉으로 보기엔 신중해 보이지만, 내면은 늘 실험 정신과 도전 정신으로 가득 차 있습니다.

이 조합은 실수를 통해 배우고, 실수 속에서도 다시 설 수 있는 회복력을 지닌 사람입니다. 실패해도 그 안에서 배울 점을 찾고, 다시는 같은 실수를 반복하지 않기 위해 기초를 더욱 단단히 다집니다.

이 과정이 반복되며, 1/3은 점점 더 신뢰할 수 있는 사람, 경험 기반의 전문가로 성장해 갑니다.

다만, 1/3의 삶은 '빠른 성과'와는 다소 거리가 있습니다. 시행착오의 시간은 때로 느리게 느껴질 수 있지만, 그만큼 단단하고 흔들리지 않는 기반을 쌓아갑니다. 그것이 바로 1/3만의 독보적인 힘이자 매력입니다.

EP. 사회적 성향 1/3 (실험적 연구가)

원리와 과정을 통해
천천히 성장하는 수지

수지는 어릴 적부터 호기심이 많고 손으로 무언가를 만들고 탐구하는 것을 좋아하는 아이였습니다. 가족들도 그런 수지를 보며 '이 아이는 특별하구나'라고 느끼며 많은 가능성을 기대했습니다.

처음에는 스스로 무언가를 배우고 만들어 가는 과정에서 즐거움을 느끼며 새로운 도전을 즐겼지만, 유치원과 초등학교에 다니면서 조금씩 변화가 찾아왔습니다. 또래보다 배우는 속도가 느려 보였고, 엄마는 점점 걱정이 커졌습니다.

수지는 다른 아이들보다 더 많은 시간과 노력을 들였지만, 그에 비해 결과물이 기대에 미치지 않자, 엄마는 함께 연습도 해보고 때로는 다그치기도 했습니다.

그러나 이런 시도들은 오히려 수지의 자존감을 낮추었고, 밝고 도전적이던 수지의 모습은 점차 사라지기 시작했습니다. 예전처럼 새로운 것을 배우는 즐거움보다 실수에 대한 두려움이 커지며 점점 소극적이고 내향적인 아이로 변해갔습니다.

엄마는 이런 수지의 모습을 보며 '내가 뭔가 잘못하고 있는 걸까?' 하는 깊은 고민에 빠졌습니다.

수지의 사회적 성향은 1/3입니다. 사회적 성향 1/3은 무엇이든 원리와 과정을 스스로 정확히 이해해야 다음 단계로 넘어갈 수 있는 특징을 지니고 있습니다. 쉽게 말해, 물건을 바로 사용하기보다 설명서를 먼저 꼼꼼하게 읽고 이해한 후에야 안심하는 사람과 같습니다.

수지는 빠른 결과를 내기보다, 시행착오를 겪으며 원리를 터득해야 성장하는 아이입니다. 이런 아이에게는 빠른 성과를 기대하기보다는 충분한 시간과 여유를 주어야 하며, 천천히 배워가는 과정을 따뜻하게 응원해 주는 것이 중요합니다.

그렇게만 해준다면 수지는 실패를 두려워하지 않고 깊이 있는 실력과 도전 정신을 갖춘 아이로 성장할 수 있습니다.

1/3
실험적 연구가
솔루션

천천히 배우더라도,
깊이 있는 전문성을 쌓아가는 것이
중요합니다.

사회적 성향이 1/3인 사람은 배움과 습득 속도가 다소 느릴 수 있습니다.

하지만 시간이 지나면서 원리와 논리를 확실히 이해하고, 한 분야에서 전문성을 쌓아 훌륭한 실력을 갖추게 됩니다.

특히 어린 시절에 이러한 성향을 잘 이해하고 맞춤형 방법으로 도와준다면, 나중에 놀라운 재능과 가능성을 펼칠 수 있는 사람들입니다.

1/4 (사교적 연구가)

1라인(의식)
무언가를 시작할 때 원리와 원칙부터 정확히 알아야 마음이 편한 스타일이며, 느리게 보일 수 있지만 충분히 준비 후 실력을 발휘하는 성향.

4라인(무의식)
처음에는 낯가림이 있지만, 익숙해지고 신뢰가 쌓이면 진짜 매력이 드러나며, 가까운 관계 안에서 영향력을 끼치는 성향.

CHAPTER 3 사회적 성향 1/4(사교적 연구가)

사회적 성향 1/4
사교적 연구가

사회적 성향 1/4는 '연구가(1라인)'와 '사교가(4라인)'의 조합으로 이루어진 성향입니다. 깊이 있는 지식과 신뢰를 바탕으로, 사람들과 안정적인 관계를 맺고 그 안에서 영향력을 발휘하는 타입입니다.

1라인은 확신과 안정감을 위해 스스로 공부하고 지식을 쌓으려는 성향이 강합니다. 반면 4라인은 인간관계를 통해 자신의 힘과 영향력을 자연스럽게 넓히고 싶어 하는 성향입니다.

그래서 1/4 사회적 성향을 가진 사람들은 자신이 충분히 믿고 확신할 수 있는 지식과 원칙이 쌓여야 비로소 행동에 나섭니다. 그리고 그 과정에서 얻은 지식이나 경험을 가까운 사람들과 나누고 전파하는 데에 능숙합니다.

이론만 공부하는 데 그치지 않고, 실제 사람들과의 관계 안에서 그것을 전하고 설득하는 힘이 자연스럽게 발휘되는 스타일입니다.

특히 1/4는 겉으로 보기엔 조용해 보여도, 자신이 믿고 신뢰하는 사람들에게는 정이 많고 따뜻하게 다가갑니다. 반면, 모르는 사람이나 관계가 얕은 사람에게는 쉽게 마음을 열지 않는 편이라 인간관계의 폭보다는 깊이를 더 중요하게 생각합니다.

또한 사교적 연구가인 1/4는 대부분의 기회나 변화가 '사람'을 통해 들어옵니다. 나를 믿고 지지해 주는 사람, 혹은 내가 신뢰하는 관계 안에서 새로운 기회가 생기는 경우가 많습니다. 그래서 이들에게는 '내 사람', '내 네트워크'가 무엇보다 중요한 자산입니다.

다만, 관계에 대한 의존도가 높으므로 가까운 사람과의 관계가 불안정해지거나, 연결이 끊기면 불안감을 느끼기 쉽습니다. 또, 너무 익숙한 관계 안에만 머물다 보면 새로운 가능성을 놓칠 수 있다는 점도 주의해야 합니다.

건강한 1/4는 믿을 수 있는 관계 안에서 안전함을 느끼되, 세상과 연결되는 범위를 조금씩 넓혀가는 연습이 필요합니다.

EP. 사회적 성향 1/4 (사교적 연구가)

상사의 사랑을 독차지하는 동기의 비결은 무엇일까?

하윤이와 은우는 인턴 입사 동기입니다. 하지만 두 사람은 처음부터 성향이 전혀 달랐습니다.

하윤이는 동기나 선배 누구와도 금방 친해지고, 적극적으로 행동하는 성향이지만, 은우는 조용하고 눈에 잘 띄지 않는 스타일이었습니다. 그래서 하윤이는 늘 은우가 회사 생활을 잘 버텨낼 수 있을지 걱정스러웠습니다.

하윤이는 자신처럼 활발하고 적극적인 사람이 더 좋은 평가를 받으리라 생각했지만, 시간이 지날수록 예상과 다른 상황이 펼쳐졌습니다. 오히려 조용한 은우가 선배들에게 더 많은 신뢰와 사랑을 받고 있었기 때문입니다.

그렇다면 은우는 어떻게 그런 인정을 받을 수 있었을까요?

사실 은우는 누구보다 빠르게 회사 일을 파악하고, 자신이 알고 있는 정보나 지식을 자연스럽게 선배들과 나누면서 신뢰를 쌓아가고 있었습니다. 겉으로 드러나지는 않았지만, 분위기와 상황을 섬세하게 읽고, 꼭 필요한 순간에 센스 있게 도움을 주는 후배였던 것입니다.

은우가 이렇게 조용하면서도 강한 존재감을 보여줄 수 있었던 이유는 은우의 사회적 성향이 1/4이기 때문입니다.

사회적 성향 1/4는 겉보기에는 조용하고 신중해 보이지만, 시간이 지나 주변 사람들과 익숙해지면 점점 관계 속에서 진가를 발휘하게 됩니다.

처음에는 혼자 공부하고 정리하는 것을 좋아하는 '연구자' 기질이 강하게 나타나지만, 익숙한 사람들과는 자연스럽게 정보를 나누고 도움을 주는 '사교가'의 모습이 드러나는 성향입니다.

1/4 사회적 성향은 화려하게 앞에 나서거나 눈에 띄는 퍼포먼스를 하는 스타일은 아니지만, 자신의 자리를 묵묵히 지키며 실력을 쌓아가고, 신뢰를 얻어 주변 사람들에게 꼭 필요한 존재가 되는 사람들입니다.

탄탄한 준비와 경험 위에 관계의 힘까지 더해지면, 이들은 조직 안에서 자연스럽게 중심 역할을 하게 되며, 든든한 조율자이자 실속 있는 리더로 성장할 수 있습니다.

1/4
사교적 연구가
솔루션

억지로 애쓰지 않아도,
나와 잘 맞는 사람은
자연스럽게 내게 다가옵니다.

사회적 성향이 1/4인 사람은 '내 사람'이라고 믿는 사람에게만 진짜 모습을 보여주는 성향을 보입니다. 쉽게 마음을 열진 않지만, 신뢰가 쌓이면 자신이 아는 정보나 솔직한 모습도 아낌없이 나눕니다. 그래서 겉으론 조용해 보여도 가까운 사람들 사이에서는 믿고 따를 수 있는 존재가 됩니다.

가끔 이런 모습 때문에 '기회주의자 같다'라는 말을 들을 수 있지만, 1/4는 원래 사람과 관계를 천천히 쌓아가는 스타일입니다. 평소처럼 묵묵히 할 일에 집중하고 진심을 다하다 보면, 오히려 그런 오해조차 자연스럽게 풀리게 됩니다.

2/4 (사교적 천재)

2라인(의식)
타고난 감각과 재능으로, 굳이 오래 배우지 않아도 스스로 삶의 요령이나 방법을 빠르게 터득하는 성향.

4라인(무의식)
처음엔 낯가림이 있지만, 한번 가까워지면 깊은 신뢰를 쌓고 관계 안에서 자연스럽게 영향력을 발휘하는 성향.

CHAPTER 3 사회적 성향 2/4 (사교적 천재)

사회적 성향 2/4
사교적 천재

사회적 성향 2/4는 '천재(2라인)'와 '사교가(4라인)' 조합으로 이루어진 성향입니다.

혼자만의 시간을 즐기는 내향성, 그리고 사람들과 연결되고 싶은 외향적 성향이 동시에 공존하는 스타일이라고 할 수 있습니다.

2라인은 타고난 재능을 가지고 있지만, 이를 억지로 노력하거나 훈련하기보다는 스스로 좋아하고 편안한 공간에서 자연스럽게 실력을 키우는 특징이 있습니다.

반면 4라인은 인간관계를 통해 기회를 얻고, 세상과 연결되는 과정을 중요하게 여깁니다.

그래서 사회적 성향이 2/4인 사람들은 '혼자 있는 시간이 꼭 필요하지만, 결국 기회는 사람을 통해 온다'라는 흐름 속에서 살아갑니다. 억지로 사람들과 어울리기보다는, 신뢰할 수 있는 가까운 관계 안에서 자연스럽게 능력을 드러내고 인정받게 되는 경우가 많습니다.

특히 사교적 천재인 2/4는 자신이 가진 재능을 스스로는 당연하게 여겨 별것 아니라고 생각하는 경우가 많습니다. 하지만 주변 사람들이 그 재능을 알아보고 인정해 줄 때 비로소 자신도 그 가치를 실감하게 됩니다.

단, 혼자만의 세계에만 머물러 있으면 좋은 기회를 놓칠 수 있고, 반대로 지나치게 외부 활동이 많아지면 금방 지치고 에너지가 고갈될 수 있습니다.

그래서 2/4에게 가장 중요한 것은 믿을 수 있는 사람들과의 편안한 관계 속에서 자연스럽게 자신의 가능성을 펼치는 것입니다.

억지로 나서거나 애쓰지 않아도 괜찮습니다. 이미 충분한 재능과 준비가 되어있는 성향이기 때문에, 필요한 순간 그 재능을 알아보는 사람이 나타날 때 자연스럽게 세상과 연결되고 기회가 찾아올 것입니다.

EP. 사회적 성향 2/4 (사교적 천재)

하나부터 열까지
못하는 게 없는 학교 선배!
단순히 똑똑한 걸까?

아린이가 다니는 학교에는 모두가 부러워하는 '사기 캐릭터' 선배가 있습니다. 바로 태오 선배입니다. 태오 선배는 영상 편집부터 엑셀, 포토샵 같은 프로그램도 잘 다루고, 전공과 전혀 상관없는 화물 운송 자격증까지 취득하며 다양한 분야에서 뛰어난 실력을 보여주는 인물입니다.

자기계발에 이렇게 바쁘면서도 항상 좋은 성적을 유지하니, 후배들 사이에서 '사기 캐릭터'라는 별명이 붙은 것도 당연한 일이었습니다.

사실 처음에는 태오 선배도 조용하고 눈에 잘 띄지 않는 평범한 학생처럼 보였습니다. 하지만 조별 과제를 함께하면서 여러 방면에서 능력을 발휘하고, 자연스럽게 팀원들을 이끄는 모습을 보이자 점점 많은 사람들의 주목을 받기 시작했습니다.

아린이가 가까이에서 지켜본 태오 선배는 새로운 관심사가 생기면 조용히 파고들어 몰입하고, 결국 자격증까지 따버릴 정도로 집중력과 실행력이 뛰어났습니다. 더 놀라운 건 그렇게 바쁘게 지내면서도 전혀 지쳐 보이지 않고, 오히려 늘 여유롭고 즐거워 보였다는 점입니다.

태오 선배가 이런 모습을 보이는 이유는 바로 사회적 성향이 2/4이기 때문입니다. 사회적 성향이 2/4인 사람들은 혼자 있는 시간을 편안하게 느끼며, 자신이 좋아하는 일에 조용히 몰입하는 데서 에너지를 얻는 성향을 보입니다.

그래서 주변의 시선을 신경 쓰기보다, 자신이 좋아하는 일에 집중하며 차근차근 성장해 나가는 것이 특징입니다.

이들의 또 다른 특징은, 자신도 인식하지 못한 재능이 주변에 의해 자연스럽게 드러난다는 점입니다. 아무리 조용히 지내고 싶어도, 사회적 성향 2/4의 능력은 금방 눈에 띄기 마련이고, 결국 "이거 좀 도와줄 수 있어요?" 같은 요청이 따라오게 됩니다.

사회적 성향이 2/4인 사람들은 이런 요청을 진심으로 받아들이고 성심껏 도와주기 때문에, 자연스럽게 사람들과 연결되고 다양한 기회를 얻게 되는 경우가 많습니다.

태오 선배처럼 혼자만의 시간을 충분히 즐기면서도, 주변 사람들에게 능력을 인정받고 함께하고 싶은 사람으로 기억되는 것. 이것이 바로 사회적 성향 2/4가 가진 가장 큰 매력입니다.

2/4
사교적 천재
솔루션

나의 재능을 알아봐 준 사람 앞에서는 그 재능을 마음껏 발휘해 보세요.

사회적 성향이 2/4인 사람들은 타고난 재능이나 능력을 알아본 주변 사람들, 조직, 지인으로부터 종종 여러 가지 제안이나 부탁을 받게 되는 경우가 많습니다.

이럴 때 단순히 귀찮게 느끼기보다, 내 실력을 발휘해 볼 기회라고 가볍게 생각해 보는 것이 좋습니다.

작은 부탁이나 제안이라도 최선을 다해 좋은 결과를 만들어 낸다면, 그 경험들이 쌓여 더 큰 신뢰와 기회로 이어질 수 있기 때문입니다.

2/5(영웅적 천재)

2라인(의식)
자신도 인식하지 못한 재능을 지니고 있으며, 혼자서 좋아하는 일에 자연스럽게 몰입하는 성향.

5라인(무의식)
주변 사람들에게 자연스럽게 '이 사람이면 해결해 줄 것 같다'는 기대를 불러일으키는 매력을 가진 성향.

CHAPTER 3 사회적 성향 2/5(영웅적 천재)

사회적 성향 2/5
영웅적 천재

사회적 성향 2/5는 '천재(2라인)'와 '영웅(5라인)'의 조합으로 이루어진 성향입니다. 이 조합은 타고난 재능을 지닌 채 조용한 삶을 추구하면서도, 동시에 외부로부터 강한 기대와 투영을 받는 독특한 성향입니다.

2라인은 혼자만의 시간에서 편안함을 느끼며, 세상의 간섭 없이 자신이 좋아하는 것을 깊이 파고들 수 있는 내향적 성향을 지닙니다.

반면 5라인은 타인으로부터 '당신이라면 해결해 줄 수 있을 것 같아요'라는 기대를 받으며, 외부의 문제를 해결하는 역할을 자연스럽게 맡게 되는 외향적 성향입니다.

이처럼 사회적 성향 2/5를 가진 사람은 '혼자 있고 싶지만, 결국 세상으로 나가야 하는 운명'을 지닌 존재입니다. 내면은 조용한 삶을 원하지만, 외부는 끊임없이 그들의 능력이 필요하며 손을 내밉니다.

이들은 자신을 깊이 개발하고 준비하며 조용히 살아가고 싶어 하다가도, 어느 순간 세상이 보내는 요청 앞에 나서게 되며, 그때마다 놀라운 해결력과 영향력을 발휘합니다.

영웅적 천재인 2/5는 '내면의 천재성과 외부의 기대'를 동시에 안고 살아가는 성향입니다. 이들은 타인의 기대를 충족시켜 줄 수 있는 역량을 갖고 있지만, 그 기대가 지나치거나 준비되지 않은 상황에서 다가올 때 큰 부담과 스트레스를 느낄 수 있습니다.

그렇기에 2/5에는 적절한 거리 유지와 스스로 준비될 수 있는 시간, 공간이 매우 중요합니다.

이 조합은 고립과 영향력, 쉼과 대응 사이에서 균형을 잡아야 하는 섬세한 존재입니다. 잘 맞는 상황에서는 진정한 문제 해결사로 빛을 발하지만, 맞지 않는 요구나 과도한 투영은 이들을 지치게 만들 수 있습니다.

그러므로 2/5는 언제든 자신이 누구를 위해, 어떤 방식으로 나설 것인지를 선택할 수 있는 주체성을 지니는 것이 핵심입니다. 외부의 기대를 무작정 받아들이기보다, 나에게 맞는 기회와 연결될 때 진정한 힘이 발휘됩니다.

2/5는 스스로 리듬을 지키며 살아갈 때, 세상에 실질적인 변화를 일으킬 수 있는 '조용한 영웅'으로 성장할 수 있습니다. 그것이 바로 2/5만이 지닌 독특한 힘이자 매력입니다.

EP. 사회적 성향 2/5 (영웅적 천재)

조용하지만
은근한 존재감이 넘치는
차 대리의 반전 매력은 무엇일까?

신입사원 예빈이는 누구와도 잘 어울리고, 일 욕심도 많은 밝은 성격입니다. 하지만 그런 예빈이에게도 유독 다가가기 어려운 사람이 한 명 있었는데요. 바로 직속 상사인 차 대리였습니다.

차 대리는 업무 능력이 뛰어나고 늘 좋은 평가를 받는 사람이었지만, 공과 사를 철저히 구분하는 모습 때문에 예빈이가 쉽게 말을 걸기 어려웠습니다.

물어보고 싶은 것도, 배우고 싶은 것도 많았지만 가까워질 기회가 쉽게 생기지 않았습니다.

그러던 어느 날, 예빈이는 차 대리의 뜻밖의 면모를 보게 되었습니다. 중요한 보고서 작업이 뜻대로 풀리지 않아 곤란해하던 예빈이에게, 차 대리가 도움의 손길을 내민 것입니다.

차 대리가 야근까지 함께하며 보고서를 완성할 수 있도록 도와준 덕에, 예빈이는 어려운 상황을 잘 헤쳐나갈 수 있었습니다.

그 일을 계기로 예빈이는 겉으로는 조용하고 개인적인 성향을 지닌 차 대리가, 누군가가 어려움에 부닥쳤을 때는 누구보다 든든한 해결사가 되어준다는 사실을 알게 되었습니다.

다가가긴 쉽지 않지만 막상 일이 생기면 누구보다 해결을 자처하는 이유는, 차 대리의 사회적 성향이 2/5이기 때문입니다.

사회적 성향이 2/5인 사람들은 혼자만의 시간을 즐기며 자신만의 방식으로 능력을 쌓아가는 사람이 많습니다. 노력하지 않아도 빠르게 배우는 재능을 타고났지만, 처음부터 다른 사람들과 쉽게 어울리기보다는 조용히 자기 할 일을 하며 실력을 드러내는 편입니다.

특히 사회적 성향 2/5는 혼자 있을 때 집중력과 효율이 높지만, 필요할 때 자신이 갈고닦은 재능을 자연스럽게 나누고, 누군가에게 도움이 되어줄 때 진짜 빛을 발합니다.

억지로 어울리기보다, 스스로 돕고 싶을 때 자연스럽게 나서는 행동이 바로 사회적 성향 2/5가 가진 큰 강점이며, 그렇게 쌓인 신뢰는 더 큰 기회와 인정으로 돌아오게 됩니다.

2/5
영웅적 천재
솔루션

도움이 필요한 사람이 있다면,
내 재능을 활용해
그 사람을 도와주세요.

사회적 성향이 2/5인 사람들은 혼자 있는 시간을 좋아하고, 개인적인 삶의 균형을 중요하게 여기는 성향입니다.

평소에는 주변 일에 크게 개입하지 않지만, 누군가 어려움에 부닥쳤을 때 한 번쯤 먼저 손을 내밀어 보는 것이 좋습니다.

그렇게 함께 문제를 해결해 나가다 보면 자연스럽게 자신의 능력을 드러낼 기회가 되고, 주변에 긍정적인 인상을 남길 수도 있습니다.

3/5 (영웅적 모험가)

3라인(의식)
새로운 것에 도전하는 걸 두려워하지 않고, 직접 해보면서 경험을 쌓아가는 성향.

5라인(무의식)
주변 사람들이 자연스럽게 '이 사람이면 해결해 줄 것 같아'라고 기대하게 만드는 성향.

CHAPTER 3 사회적 성향 3/5(영웅적 모험가)

사회적 성향 3/5
영웅적 모험가

휴먼디자인에서 사회적 성향 3/5는 '모험가(3라인)'와 '영웅(5라인)'의 조합으로 이루어진 성향입니다. 이 조합은 직접 부딪혀 보고, 시행착오를 통해 배우며, 그 경험을 바탕으로 문제를 해결해 나가는 실전형 타입입니다.

3라인은 무언가를 머리로만 아는 것보다, 직접 경험해 봐야 직성이 풀리는 성향입니다. 때로는 실패하고 넘어지더라도 다시 일어나서 스스로 답을 찾으려는 도전 정신이 아주 강합니다.

반면 5라인은 주변 사람들에게서 '당신이라면 해결할 수 있을 것 같아'라는 기대를 자연스럽게 받는 성향입니다.

그래서 사회적 성향이 3/5인 사람들은 세상과 부딪히고, 실패하고, 다시 도전하는 과정을 거치며 현실에서 실제로 효과적인 해결책을 찾아냅니다.

단순히 책에서 얻은 지식이 아니라, 직접 겪고 경험한 일에서 나오는 현실적인 해결 능력이 이들이 가진 가장 큰 강점입니다.

하지만 영웅적 모험가인 3/5에게는 한 가지 숙제가 있습니다. 바로 주변 사람들의 기대입니다.

5라인은 늘 '뭔가 해결해 줄 것 같은 사람'이라는 기대를 받기 쉬운데, 때로는 이런 기대가 부담되거나 오해로 이어질 수 있습니다. 특히 3라인 특유의 시행착오 과정까지 겹치면, 실패했을 때 실망을 주기도 쉽습니다.

그래서 3/5는 자신의 페이스와 한계를 스스로 잘 관리하고, 무엇을 맡을지, 어디까지 책임질지 기준을 정하는 것이 중요합니다.

이렇듯 3/5는 실패를 두려워하지 않고, 그 과정을 통해 진짜 실력을 쌓아가는 사람입니다. 여러 번 부딪히고 시행착오를 겪은 끝에 결국 '실제로 잘 작동하는 방법'을 찾아내는 성향을 보입니다.

현실 속 문제를 해결하는 데 가장 실용적이고 유용한 답을 제시할 수 있으며, 사람들의 기대를 실제 결과로 연결해 주는 강력한 해결사, 이것이 바로 3/5가 가진 가장 큰 매력입니다.

EP. 사회적 성향 3/5 (영웅적 모험가)

프로 환불 원정대, 친언니의 숨은 비결은?

지안이는 오랫동안 눈여겨보던 원피스를 온라인 쇼핑몰에서 드디어 구매했습니다. 설레는 마음으로 상자를 열어보았지만, 기대와는 달리 상품 상태는 엉망이었습니다.

바로 교환을 요청했지만 돌아온 답은 "포장을 뜯은 상품은 교환이 어렵다"라는 말뿐이었습니다. 지안이는 답답하고 억울한 마음에 결국 언니 우미에게 하소연했습니다.

유미는 어떤 일이든 궁금한 게 생기면 직접 해보는 편이고, 문제가 생기면 먼저 움직여 부딪히며 해결하려는 성격입니다.

유미는 바로 고객센터에 연락하고, 후기부터 교환 정책까지 꼼꼼히 살펴보며 방법을 찾기 시작했습니다. 몇 번의 문의와 시행착오 끝에, 결국 쇼핑몰로부터 교환 승인을 받아낼 수 있었습니다.

지안이는 그런 언니가 늘 신기했습니다. 자신은 이런 상황에서 혼자 포기하거나 참아 넘기기 바빴지만, 유미는 일단 부딪혀 보고 움직이면서 길을 만들어 가는 사람이었기 때문입니다.

유미가 이렇게 행동하는 건 바로 사회적 성향이 3/5이기 때문입니다. 사회적 성향이 3/5인 사람은 시행착오 속에서 배우고 성장합니다. 문제를 빠르게 알아채고 해결 방법을 찾아내는 실전형 해결사이자, 주변 사람들에게 든든한 조력자가 될 수 있는 사람입니다.

사회적 성향이 3/5인 사람들은 머리로 아는 것보다 직접 부딪혀 보고, 몸으로 경험해 봐야 직성이 풀리는 성향입니다. 그리고 5라인 성향 덕분에 주변 사람들로부터 "이 문제 좀 해결해 줘!"라는 기대를 한 몸에 받습니다.

물론 이런 모습 때문에 가끔 까칠하거나 비판적인 사람으로 보일 수 있지만, 누구보다 근거 있고 경험에서 우러나온 솔직함 덕분에 오히려 더 큰 신뢰를 받기도 합니다.

3/5는 세상과 부딪히며 배우고, 그 안에서 실질적인 답을 찾아가는 사람입니다. 그리고 그 과정 자체가 3/5만의 매력이자 강점인 셈입니다.

3/5
영웅적 모험가
솔루션

내가 겪는 모든 시행착오는
결국 나를 더 단단하게 키우는
밑거름이 됩니다.

사회적 성향 3/5는 이론만으로는 만족하지 않고, 스스로 확인하고 직접 경험하며 배우는 성향입니다. 실전에서 부딪히며 익히는 것을 더 중요하게 여기고, 모르는 일이 생기면 머뭇거리기보다 먼저 시도해 보려는 성향이 강합니다.

처음에는 시행착오를 많이 해서 답답할 수 있지만, 시간이 지날수록 현실적인 해결력과 풍부한 경험 덕분에 자연스럽게 신뢰를 얻게 됩니다.

한마디로 말하자면, 경험을 통해 배우고 직접 해결하면서 성장해 나가는 사람이 바로 3/5입니다.

3/6(현명한 모험가)

3라인(의식)
새로운 시도를 두려워하지 않고, 직접 부딪히며 시행착오 속에서 배우는 성향.

6라인(무의식)
자신만의 이상적인 삶의 기준을 지니고 있으며, 직접 겪은 경험을 바탕으로 타인에게 자연스럽게 모범이 되는 성향.

CHAPTER 3 사회적 성향 3/6 (현명한 모험가)

사회적 성향 3/6
현명한 모험가

휴먼디자인에서 사회적 성향 3/6은 '모험가(3라인)'와 '현자(6라인)'의 조합으로 이루어진 성향입니다. 이 조합은 직접 경험을 통해 배우고, 그 경험을 바탕으로 점점 삶의 기준과 철학이 깊어지는 특징을 가지고 있습니다.

3라인은 무엇이든 직접 해봐야 답을 찾는 사람입니다. 머리로만 아는 것보다 몸으로 부딪치고 시행착오를 겪으며 배우는 과정에서 가장 크게 성장합니다.

그래서 사회적 성향 3/6은 크고 작은 실수와 도전을 반복하며, 현실적이고 실용적인 지혜를 자연스럽게 쌓아갑니다.

여기에 6라인의 에너지가 더해지면, 단순히 경험에서 멈추지 않고 그 안에서 의미를 찾고 정리하는 힘이 생깁니다. 시간이 지날수록 자신의 경험을 바탕으로 삶의 기준이 또렷해지고, 주변 사람들에게 자연스럽게 영향을 주는 존재로 성장하게 됩니다.

현명한 모험가인 3/6은 일부러 나서서 가르치려 하지 않아도, 자기 삶의 태도와 행동 자체가 다른 사람들에게 배움과 영감을 주는 스타일입니다. 억지로 멋진 말을 하거나 조언하기보다, 그냥 평소 살아가는 모습 속에서 자연스럽게 울림을 주게 됩니다.

물론 시행착오가 많아서 스스로 답답하거나 힘들게 느껴지는 순간도 있습니다. 그러나 이런 모든 경험은 결국 3/6만이 가질 수 있는 특별한 자산이 됩니다.

직접 부딪히고 겪으며 쌓아온 삶의 이야기가 결국 나만의 기준이 되고, 나만의 철학이 되어 세상에 울림을 전하게 됩니다. 이것이 바로 사회적 성향 3/6이 가진 가장 큰 힘입니다.

EP. 사회적 성향 3/6 (현명한 모험가)

이직을 두려워하지 않는
내 친구의 성향은?

수영이는 요즘 이직을 고민하고 있습니다. 지금 다니는 회사가 편하긴 하지만, 앞으로 더 나은 경력을 쌓기 위해 변화가 필요하다는 생각이 계속 들었기 때문입니다.

하지만 나이도 적지 않고, 안정적인 회사를 떠나는 건 결코 쉬운 결정이 아니었습니다. 이런저런 고민 끝에 수영이는 결국 이직 경험이 많은 친구 준서를 떠올리게 됩니다.

준서는 평소에도 새로운 도전을 두려워하지 않고, 실패도 경험이라 생각하며 긍정적으로 살아가는 성향입니다. 그래서 수영은 준서라면 자신이 지금 느끼는 이 고민을 이해해 줄 것 같았습니다.

만나서 이야기를 나눠본 준서는 역시나 달랐습니다. 이직을 준비하며 겪었던 실패와 시행착오, 예상치 못한 어려움들, 그리고 그 안에서 배우고 성장했던 경험을 솔직하게 들려주었습니다. 막연히 "잘될 거야" 같은 위로가 아니라, 실제로 부딪히고 겪어본 사람만이 해줄 수 있는 현실적이고 진짜 조언들이었습니다.

수영은 그런 준서의 이야기를 들으며 조금씩 마음이 정리되기 시작했습니다. 실패를 두려워하지 않고, 주변 시선에 휘둘리지 않으며 자신만의 길을 만들어 가는 준서의 모습이 어느새 부럽고 멋지게 느껴졌습니다.

준서가 실패를 두려워하지 않는 이유는 바로 사회적 성향이 3/6이기 때문입니다.

3/6은 새로운 시도와 도전을 두려워하지 않고, 직접 부딪히며 경험을 통해 배우는 실전형 성향입니다. 머릿속으로만 고민하기보다는 행동하면서 시행착오를 겪고, 그 안에서 진짜 배움을 찾아가는 스타일입니다.

특히 사회적 성향 3/6은 자신이 겪어본 모든 경험이 그대로 삶의 힘이 되어 주변 사람들에게 자연스럽게 영향을 미칩니다. 일부러 앞에 나서거나 가르치려 하지 않아도, 살아온 과정 그 자체가 누군가에게 조언이 되고 위로가 되는 경우가 많습니다.

그래서 수영에게 준서의 말은 단순한 응원이 아니었습니다. 같은 현실을 살아가는 한 사람으로서, 직접 경험하고 건너온 길에서 건네는 진짜 이야기. 그것이 수영의 마음을 움직이고, 다시 한번 용기를 내게 해준 가장 큰 이유였습니다.

3/6
현명한 모험가
솔루션

실패는 쌓일수록 결국 나에게
가장 큰 자산이 되어 돌아옵니다.

사회적 성향이 3/6인 사람들은 끊임없이 도전하고 시도하는 과정에서 때로는 실패를 경험하거나 자존감이 흔들릴 때가 많습니다.

하지만 포기하지 않고 끝까지 자신이 원하는 것을 위해 시도하고 배워나간다면, 누구도 흉내 낼 수 없는 값진 경험과 넓은 시야를 얻게 됩니다.

그렇게 쌓아온 경험과 지혜 덕분에, 결국 나의 진짜 가치를 알아보고 믿어주는 사람들이 점점 늘어나게 될 것입니다.

4/6 (현명한 사교가)

4라인(의식)
자신이 속한 조직이나 관계 속에서 자연스럽게 영향력을 발휘하며, 사람들을 연결하고 관계를 조율하는 데 능숙한 성향.

6라인(무의식)
자신이 꿈꾸고 바라는 이상을 실제로 실천하며, 자연스럽게 주변 사람들에게 본보기가 되어가는 성향.

CHAPTER 3 사회적 성향 4/6 (현명한 사교가)

사회적 성향 4/6
현명한 사교가

휴먼디자인에서 사회적 성향 4/6은 '사교가(4라인)'와 '현자(6라인)'의 조합으로 이루어진 성향입니다.

4/6은 사람과 사람 사이의 신뢰와 관계 속에서 자연스럽게 자기 영향력을 발휘하는 성향입니다.

4라인은 인간관계를 굉장히 중요하게 생각하며, 새로운 사람을 만나기보다는 이미 친해진 사람들과 오랫동안 관계를 이어가는 것을 선호합니다.

그래서 '내 사람'이라고 생각하는 이들에게는 누구보다 따뜻하고 진심 어린 모습으로 다가갑니다.

여기에 6라인의 성향이 더해지면서, 4/6은 관계 안에서 경험을 통해 배운 것들을 자연스럽게 주변에 나누는 사람이 됩니다.

굳이 나서서 가르치려 하지 않아도, 평소 삶의 태도나 행동, 말 한마디가 다른 사람들에게 좋은 본보기가 되곤 합니다.

현명한 사교가인 4/6은 무리하게 많은 사람과 어울리기보다는 신뢰할 수 있는 관계 안에서 편안함을 느끼며, 시간이 지날수록 그런 사람들과 더 깊은 유대감을 만들어 가는 능력이 뛰어난 사람입니다.

그래서 주변에서는 '곁에 두고 싶은 사람', '믿고 의지할 수 있는 사람'으로 기억되기 쉽습니다.

자신만의 속도로 관계를 쌓아가고, 삶에서 얻은 통찰이나 경험을 자연스럽게 나누며 영향력을 발휘하는 사람, 그게 바로 사회적 성향 4/6의 가장 큰 매력입니다.

억지로 나서지 않아도, 진심과 신뢰를 바탕으로 스스로 사람들의 존경과 신뢰를 얻게 되는 성향이라고 할 수 있습니다.

EP. 사회적 성향 4/6 (현명한 사교가)

사람을 끌어들이는
친구의 매력은 무엇일까?

하은이가 다니는 고등학교에는 남학생, 여학생 모두에게 인기가 많은 친구가 있습니다. 바로 서아입니다.

서아는 어디에서나 존재감이 뚜렷하고, 주변에는 늘 친구들이 북적거렸습니다. 반마다 친구가 있는 서아의 모습은 하은이에게 참 신기하게 느껴졌고, 그렇게 많은 사람들에게 사랑받는 이유가 궁금해졌습니다.

조금 더 관심을 두고 서아를 지켜본 하은이는 서아가 많은 사람들에게 사랑받는 이유를 점점 알 것 같았습니다. 서아는 누구에게나 부드럽고 친근하게 먼저 다가가 말을 걸고, 친구들이 힘들어할 때는 따뜻하게 챙겨주는 모습이 인상적이었습니다.

학업으로 바쁜 와중에도 주변 사람들을 세심하게 살피고 배려하는 서아의 모습은 누구라도 좋아할 수밖에 없겠다 싶은 매력이 있었습니다.

사실 서아의 그런 모습은, 그녀만의 특별한 사회적 성향에서 비롯된 것이었습니다. 서아의 사회적 성향이 4/6이기 때문에, 이러한 성향이 자연스럽게 드러난 것입니다.

사회적 성향이 4/6인 사람은 관계 속에서 자연스럽게 영향력을 발휘합니다. 처음 보는 사람과는 쉽게 친해지지 않더라도, 일단 가까워지면 누구보다 깊은 신뢰와 따뜻한 정을 나눌 수 있는 능력을 갖고 있습니다.

또한 현실적이면서도 때로는 독특하고 이상적인 시선으로 세상을 바라보는 면이 있어, 함께 이야기를 나누다 보면 '이 사람, 뭔가 특별하다'라는 인상을 주기도 합니다.

이들은 자신이 속한 모임이나 공동체 안에서 신뢰받는 관계를 무엇보다 중요하게 여깁니다. 좋은 사람들과 함께할 때 에너지가 더 살아나고, 그 네트워크 안에서 새로운 기회를 얻게 되는 경우도 많습니다.

서아처럼 사회적 성향 4/6을 지닌 사람들은 사람 사이를 자연스럽게 잇는 데에 능하고, 그런 관계 속에서 큰 만족과 행복을 느낍니다. 주변과 진심으로 소통하며 좋은 관계를 오래 유지할 수 있다면, 어디서든 신뢰받는 리더로 성장할 수 있는 사람들입니다.

4/6
현명한 사교가
솔루션

새로운 만남이 오래된 관계를 더 단단하게 만듭니다.

사회적 성향 4/6은 부드럽고 친근한 성격 덕분에 자연스럽게 사람들이 모이고, 관계 속에서 영향력을 발휘하는 성향입니다. 하지만 익숙하고 편안한 사람들, 또는 자신이 속한 조직 안에서만 머무르려는 경향이 있어 새로운 관계를 만드는 데 다소 소극적으로 보일 때가 있습니다.

물론 4/6에는 오래 알고 지낸 사람들과 편안한 관계를 유지하는 것이 가장 큰 힘이 되지만, 가끔은 그 울타리 밖으로 한 걸음 나아가 보는 것도 필요합니다. 새로운 사람들과의 만남과 다양한 경험은 오히려 내가 지키고 싶은 사람들과의 관계를 더 깊고 단단하게 만들어 주는 자산이 되어줄 것입니다.

4/1(탐구적 사교가)

4라인(의식)
편하고 익숙한 사람들과 신뢰를 쌓으며, 관계 안에서 자연스럽게 영향력을 발휘하는 성향.

1라인(무의식)
스스로 믿는 기준과 원칙을 삶의 중심에 두고, 그런 모습으로 주변 사람들에게 본보기가 되는 성향.

CHAPTER 3 사회적 성향 4/1(탐구적 사교가)

사회적 성향 4/1
탐구적 사교가

휴먼디자인에서 사회적 성향 4/1은 '사교가(4라인)'와 '탐구가(1라인)'의 조합으로 이루어진 독특하고 단단한 성향입니다.

4라인은 사람들과의 관계를 통해 세상과 연결되고, 믿고 따를 수 있는 사람들과 깊은 유대감을 쌓으며 살아갑니다.

반면 1라인은 어떤 일이든 확실한 정보와 지식, 준비가 갖춰져야 비로소 마음이 놓이고 행동할 수 있는 성향입니다.

그래서 사회적 성향이 4/1인 사람들은 '사람과 원칙'이라는 두 가지 키워드가 삶의 중심에 있는 사람입니다.

이들은 관계 안에서는 부드럽고 친근한 에너지를 보여주지만, 동시에 자신만의 확고한 기준과 생각을 지닌 성향입니다. 겉으로는 유연해 보이지만, 막상 가까이 지내보면 '쉽게 흔들리지 않는 사람'이라는 인상을 주기도 합니다.

특히 탐구적 사교가인 4/1은 한 번 정해둔 원칙이나 방향을 쉽게 바꾸지 않습니다. 그래서 예측하기 어려운 변화나 갑작스러운 상황에는 다소 불편함을 느낄 수 있으며, 억지로 그 흐름에 맞춰야 할 때 스트레스를 받기도 합니다.

하지만 이런 4/1의 단단함은 시간이 지나면서 주변 사람들에게 '믿음직함'과 '신뢰'를 주는 장점으로 작용합니다. "말은 많지 않지만, 한 번 말하면 확실하다", "자기 원칙이 분명한 사람이다"라는 평가를 받게 됩니다.

단, 사회적 성향 4/1은 관계를 통해 더 많은 기회를 만들고 싶다면 너무 완고해 보이지 않도록 가끔은 열린 대화와 유연함을 갖추는 것이 중요합니다.

내가 믿는 가치와 원칙을 지키면서도 사람들과 자연스럽게 소통하는 태도가 더해진다면, 4/1은 누구보다 든든하고 믿음직한 존재로 자리 잡을 수 있습니다.

EP. 사회적 성향 4/1 (탐구적 사교가)

승승장구하는
영업 1팀의 숨은 용병은?

강희가 다니는 회사에는 '꿈의 팀'이라고 불리는 영업 1팀이 있습니다. 영업팀은 보통 경쟁이 치열해서 분위기가 날카로운 경우가 많지만, 영업 1팀은 달랐습니다.

실적은 늘 1등, 팀 분위기는 화기애애, 팀워크도 최고여서 다른 팀 직원들 사이에서는 부러움의 대상이었습니다.

이 팀을 이끄는 유 팀장은 모두가 인정하는 최고의 리더였습니다. 늘 밝고 유쾌한 성격 덕분에 팀원들과 격 없이 지냈고, 권위적인 모습보다는 친구처럼 편하게 대해주며 존경받는 상사로 자리 잡았습니다.

무엇보다 유 팀장은 본인의 일에 대해 늘 공부하고 연구하며 발전하려는 사람이었습니다. 그렇게 쌓아온 지식과 비결을 팀원들에게 아낌없이 나누면서 팀원들 역시 빠르게 성장할 수 있었습니다. 자연스럽게 팀 성적도 올라가고, 팀 분위기까지 좋아지니 '영업 1팀 = 넘사벽 팀'이라는 말이 나올 정도였습니다.

사실 유 팀장이 이렇게 사람들에게 인정받고 자연스럽게 리더십을 발휘할 수 있었던 이유는 바로 유 팀장의 사회적 성향이 4/1이기 때문입니다.

사회적 성향 4/1은 사람들과의 관계에서 힘을 발휘하는 스타일입니다. 편하고 익숙한 사람들과 깊은 신뢰를 쌓고, 그 안에서 자연스럽게 영향력을 발휘합니다.

여기에 1라인 성향 덕분에, 본인이 믿는 원칙이나 기준이 확고해서 어떤 일이든 제대로 알고 준비된 상태여야 움직이는 성향이기도 합니다.

다만, 이렇게 사람들과 잘 지내는 모습 때문에 오해를 받는 경우도 있습니다. 일부 사람들은 '저 사람 좀 기회주의자 아냐?'라고 볼 수도 있지만, 사실 4/1은 억지로 사람을 이용하거나 꾸미는 성향이 아니라, 진심으로 사람을 좋아하고 관계 안에서 의미를 찾는 사람들입니다.

결국 이런 성향 덕분에 유 팀장은 모두가 인정하는 지도자가 될 수 있었던 것입니다. 사람과 관계 안에서 자연스럽게 성장하고, 주변을 따뜻하게 이끄는 힘. 그것이 바로 사회적 성향이 4/1의 가장 큰 매력입니다.

4/1
탐구적 사교가
솔루션

지금 서 있는 자리에서,
나만의 전문성을 키워보세요.

사회적 성향 4/1은 삶의 기반이 한 번 안정되면, 그 자리를 쉽게 바꾸려 하지 않는 편입니다. 그래서 때로는 고집이 세거나 융통성이 없어 보일 수 있지만, 이 성향은 오히려 한 분야에서 깊이 있는 전문성을 쌓는 데 큰 강점이 됩니다.

지금 내가 쌓아온 기반과 환경 안에서 얼마나 더 단단해질 수 있을지 고민하고 내가 잘할 수 있는 영역에서 실력을 키워간다면, 어느 순간 사람들이 먼저 찾는 믿음직한 전문가로 성장해 있을 것입니다.

5/1 (탐구적 해결사)

5라인(의식)
주변 사람들에게 '해결해 줄 것 같은 사람'이라는 기대감을 자연스럽게 불러일으키는 매력을 지닌 성향.

1라인(무의식)
원리와 원칙이 매우 중요하며 오랜 시간의 시도와 연구 끝의 열매를 맺을 수 있는 성향.

CHAPTER 3 사회적 성향 5/1(탐구적 해결사)

사회적 성향 5/1
탐구적 해결사

휴먼디자인에서 사회적 성향 5/1은 '해결사(5라인)'와 '탐구가(1라인)'의 조합으로 이루어진 성향입니다. 현실적인 문제 해결 능력과 철저한 준비성을 함께 갖춘, 믿음직한 실전형 성향을 보입니다.

5라인은 사람들로부터 '이 사람이면 해결해 줄 거야'라는 기대를 자연스럽게 받는 성향입니다. 그래서 주변의 주목을 받거나, 문제 상황에서 도움을 청하는 사람이 많습니다.

하지만 이런 기대가 때로는 부담되기도 하므로, 5/1에는 준비가 되었다고 느낄 때만 나서는 것이 무엇보다 중요합니다.

이때 1라인의 신중함이 힘을 발휘합니다. 1라인은 무언가를 충분히 공부하고, 확신이 생겨야만 행동하는 연구자 성향입니다. 덕분에 5/1은 말뿐인 해결사가 아닌, 실제로 문제를 해결할 수 있는 탄탄한 실력을 갖춘 사람이 많습니다.

겉으로 보기엔 강하고 믿음직해 보여도, 내면에서는 늘 '내가 이걸 충분히 알고 있나?', '정말 도와줄 준비가 되었을까?'를 스스로 점검합니다. 책임감이 강한 만큼, 실망을 주고 싶지 않아 더 신중하게 움직이는 특징이 있습니다.

그래서 탐구적 해결사인 5/1에 가장 중요한 것은 '타인의 기대'와 '내 준비 상태' 사이에서 균형을 잘 잡는 것입니다.

준비되지 않은 상태에서 억지로 나서기보다는, 스스로 충분히 이해하고 확신이 생겼을 때 행동하는 것이 5/1에 가장 자연스럽고 효과적인 방식입니다.

이처럼 5/1은 철저한 준비 위에 현실적인 영향력을 더해 세상에 이바지하는 사람입니다.

책임감, 신뢰, 카리스마, 그리고 깊이 있는 실력을 모두 갖춘 '준비된 해결사' 이것이 바로 사회적 성향 5/1이 가진 가장 큰 매력입니다.

EP. 사회적 성향 5/1(탐구적 해결사)

모든 일을 척척 해내는
만능 해결사,
반장의 비결은 무엇일까?

주원이의 반에는 공부도 잘하고, 친구들 사이 평판도 좋아 선생님과 친구들의 기대를 한몸에 받는 친구가 있습니다. 바로 준혁입니다.

준혁이는 반 친구들에게 어떤 문제가 생기면 가장 먼저 나서서 해결해 주는 든든한 존재였습니다. 그러다 보니 자연스럽게 친구들 사이에서 '해결사'로 불리며 높은 신뢰를 쌓았고, 결국 반장 자리까지 맡게 되었습니다.

그런 준혁이를 보며 주원이는 부럽기도 하고, '나도 준혁이처럼 필요할 때 믿음직하게 나설 수 있는 사람이 되고 싶다'라는 생각을 하게 됩니다.

준혁이가 이렇게 자연스럽게 '해결사' 역할을 해낼 수 있었던 이유는 바로 그의 사회적 성향이 5/1이기 때문입니다.

5/1 사회적 성향을 가진 사람들은 주변 사람들에게서 '이 친구라면 해결해 줄 거야'라는 기대를 자연스럽게 받는 특징이 있습니다. 딱히 나서지 않아도 왠지 믿음직스럽고, 뭔가 잘해낼 것 같은 에너지가 느껴지는 사람들입니다.

하지만 이런 기대가 항상 장점으로만 작용하는 것은 아닙니다. 5/1에게 가장 중요한 것은 바로 '준비'입니다. 충분히 알고, 확신이 생겼을 때 나서는 것이 이들에게 가장 자연스럽고 안전한 방식입니다.

준혁이처럼 충분히 준비가 되었을 때 문제를 해결하면 모두에게 인정받고 존경받는 사람이 될 수 있지만, 반대로 준비가 부족한 상태에서 무작정 나섰다가 오히려 실망이나 비난을 받을 수도 있기 때문입니다.

그래서 5/1 사회적 성향을 가진 사람들에게 가장 중요한 키워드는 '타인의 기대'와 '나의 준비 상태' 사이에서 균형 잡기입니다.

사람들의 기대는 피할 수 없는 자연스러운 일입니다. 중요한 건 내가 지금 할 수 있는 일과 아직 준비가 안 된 일을 정확히 구분하고, 준비가 되었을 때 나서는 것. 이것이 바로 5/1이 가진 진짜 힘이며, 세상 속에서 건강하게 영향력을 발휘하는 방법입니다.

이런 신중함과 준비성을 갖춘 5/1은 결국, 사람들이 가장 먼저 찾고 믿고 의지하게 되는 든든한 해결사가 될 수 있습니다.

5/1
탐구적 해결사
솔루션

내가 먼저 준비되어 있어야, 다른 사람의 문제도 제대로 도와줄 수 있습니다.

사회적 성향이 5/1인 사람들은 평소에는 조용히 자기 일에 집중하며 쉽게 나서지 않는 편입니다. 하지만 억울한 상황이나 잘못된 일이 생기면 그냥 넘기지 않고 직접 해결에 나서는 성향입니다.

이런 5/1에게 가장 중요한 것은 '충분히 준비된 상태에서 해결에 나서는 것'입니다. 준비가 되지 않은 채 나섰다가, 상대방의 큰 기대에 부응하지 못하면 오히려 실망을 줄 수 있기 때문입니다.

그럴 땐 잠시 한 걸음 물러서서 상황을 정리하고, 충분한 근거와 확신이 생겼을 때 나서는 것이 오히려 더 효과적입니다.

5/2 (천재적 해결사)

5라인(의식)
주변 사람들로부터 '이 사람이면 해결해 줄 것 같다'는 기대를 자연스럽게 받게 되는 매력을 가진 성향.

2라인(무의식)
특별히 노력하지 않아도 타고난 재능으로 세상을 빠르게 이해하고 자신의 방식으로 풀어가는 성향.

CHAPTER 3 사회적 성향 5/2 (천재적 해결사)

사회적 성향 5/2
천재적 해결사

휴먼디자인에서 사회적 성향 5/2는 '해결사(5라인)'와 '혼자 있을 때 더 빛나는 천재(2라인)'의 조합으로 이루어진 성향입니다.

겉으로 보기엔 믿음직하고 해결사 같은 모습이지만, 내면에서는 혼자 있는 시간 속에서 진짜 에너지를 충전하고 재능을 키워가는 성향입니다.

5라인은 주변 사람들에게 '이 사람이면 해결해 줄 것 같다'라는 기대를 자연스럽게 받습니다.

실제로도 문제 해결 능력이 뛰어나고, 필요한 순간 사람들에게 실질적인 도움을 줄 수 있는 힘을 지니고 있습니다. 하지만 이런 기대가 과도해질 때 부담이나 오해로 이어지기도 합니다.

반면, 2라인은 혼자 있을 때 가장 편안함을 느끼고 에너지를 충전하는 성향입니다. 억지로 나서기보다는, 누군가 자신의 재능을 알아봐 주고 요청해 줄 때 더 자연스럽게 반응하는 성향입니다.

이처럼 천재적 해결사인 5/2는 '세상의 기대'와 '혼자만의 평온함'이라는 상반된 성향을 동시에 가지고 있습니다. 겉으로는 사람들과 잘 어울리고 해결사처럼 보이지만, 사실은 조용히 혼자만의 시간을 즐기며 자신을 채우는 시간이 꼭 필요합니다.

그래서 5/2에게 가장 중요한 것은 '준비된 상태에서 해결에 나서는 것'입니다. 아무리 주변에서 기대가 크더라도 준비되지 않은 상태에서 무작정 나서기보다는, 충분히 내 안에서 준비가 되었을 때 움직이는 것이 오히려 더 큰 신뢰와 결과로 이어집니다.

결국 5/2는 '혼자 있을 때 성장하고, 필요할 때 해결사로 등장하는 사람'입니다.

억지로 세상에 끌려나가기보다, 나만의 리듬을 지키며 준비가 되었을 때 자연스럽게 세상에 나서는 것. 그것이 5/2가 가장 자신답게 빛날 수 있는 방식입니다.

EP. 사회적 성향 5/2 (천재적 해결사)

스타트업 회사가
단기간에 성공할 수 있었던
비결은?

수정이가 다니는 회사는 불과 몇 년 전만 해도 소규모 기업에 불과했지만, 지금은 눈에 띄는 성장을 이루며 언론에서도 자주 언급되는 중견기업으로 자리 잡았습니다.

수정이가 이곳에 입사하게 된 계기는, 이전 직장에서 늘 믿고 따르던 상사의 제안 때문이었습니다.

어느 날, 그 상사가 현재 회사의 대표로 나타나 입사를 권유했고, 수정이는 망설임 없이 따라나섰습니다.

이 대표는 강한 추진력과 탁월한 문제 해결 능력으로 '만능 해결사'라 불리며 모두에게 존경받는 인물이었습니다.

안정적인 삶보다는 새로운 도전을 택한 대표는, 좋은 조건을 뒤로하고 회사를 새롭게 세웠습니다. 자신을 믿고 따라준 소수의 직원과 함께 수많은 어려움을 이겨내며, 사람들의 기대에 부응하기 위해 부단히 노력했고 결국 지금 눈부신 성공을 이뤄냈습니다.

이 대표가 무거운 기대 속에서도 중심을 잃지 않고 결과를 만들어 낼 수 있었던 이유는, 바로 그의 사회적 성향이 5/2이기 때문입니다.

사회적 성향이 5/2인 사람들은 겉으로 눈에 띄게 나서지 않아도, 자연스럽게 사람들에게 신뢰감을 주고 '이 사람이면 해결해 줄 거야'라는 기대를 받는 경우가 많습니다.

그 존재감 자체만으로도 사람들의 기대를 모으는 특별한 매력을 지닌 성향입니다.

하지만 이들은 외부의 기대만큼이나 혼자만의 시간과 리듬도 중요하게 생각합니다. 2라인의 특성상 혼자 있을 때 재능이 드러나고, 조용히 몰입하는 시간 속에서 진짜 실력을 키워 나가는 은둔자의 기질을 지니고 있기 때문입니다.

그래서 5/2에게 가장 중요한 것은 '타이밍'입니다. 준비되지 않은 상태에서 무턱대고 기대에 응하면, 처음에 받았던 기대가 실망과 비난으로 돌아올 수 있습니다. 반면, 충분히 준비된 시점에 스스로 나선다면, 현실적인 해결책을 제시하고 진정한 영향력을 발휘할 수 있습니다.

5/2는 매일 나서서 문제를 해결하기보다는, 위기의 순간에 빛을 발하는 해결사입니다. 평소에는 조용히 에너지를 모으다가, 세상이 필요할 때 드러나 조용하지만 강력한 변화를 만들어내는 사람. 이것이 바로 5/2의 본질이며, 이들이 지닌 가장 큰 매력입니다.

5/2
천재적 해결사
솔루션

나서지 않아도 결과로 증명하며
사람들의 신뢰를 얻을 수 있습니다.

사회적 성향이 5/2인 사람들은 특별히 나서지 않아도 사람들의 기대와 시선을 자연스럽게 끌어당기는 매력을 가지고 있습니다.

말 한마디, 행동 하나에도 신뢰와 설득력이 느껴지기 때문에 주변에서는 자연스레 도움을 요청하거나 기대를 걸게 됩니다.

때로는 이런 기대가 부담스럽게 느껴질 수 있지만, 묵묵히 자신만의 방식으로 해결해 나가다 보면, 결국 사람들의 인정과 신뢰가 따라오게 됩니다. 그리고 그 인정이 바로 나를 더 크게 성장하게 하는 원동력이 되어줄 것입니다.

6/2 (천재적 현자)

6라인 (의식)
내가 믿고 따르는 삶의 방식이 시간이 지나 자연스럽게 사람들에게 본보기가 되는 성향.

2라인 (무의식)
타고난 감각과 재능으로 복잡한 일도 자연스럽게 자신만의 방식으로 풀어내는 성향.

CHAPTER 3 사회적 성향 6/2 (천재적 현자)

사회적 성향 6/2
천재적 현자

휴먼디자인에서 사회적 성향 6/2는 '현자(6라인)'와 '천재(2라인)'가 만난 조합입니다. 이 성향을 보인 사람들은 겉으로 보기엔 조용하고 평범해 보일 수 있지만, 시간이 지나면 지날수록 자연스럽게 사람들에게 좋은 영향을 주고, 본보기가 되는 특별한 에너지를 가지고 있습니다.

6라인은 세상을 한 걸음 물러서서 바라보며, '내가 어떻게 살아가느냐?' 자체가 답이 된다고 믿는 성향입니다. 굳이 앞에 나서거나 자신의 매력을 보이지 않아도, 자신의 방식대로 묵묵히 살아가는 모습이 어느새 주변 사람들에게 큰 울림과 영감을 주게 됩니다.

여기에 2라인의 특성까지 더해져, 6/2는 혼자 있는 시간을 좋아하고 자신이 좋아하는 일에 조용히 몰입하는 것을 즐깁니다. 억지로 나서기보다는 누군가 불러주거나 요청할 때 자연스럽게 실력을 발휘하는 스타일입니다.

그래서 사회적 성향 6/2인 사람들은 굳이 애쓰지 않아도, 주변에서 자연스럽게 "저 사람은 뭔가 특별하다", "저렇게 살고 싶다"라는 말을 듣게 되는 경우가 많습니다.

천재적 현자인 6/2가 가진 가장 큰 힘은 억지스러움이 아닌 '자연스러움'입니다. 억지로 인정받으려 하거나, 속도를 내서 무언가를 보여주려고 하기보다는, 자신의 페이스를 지키며 좋아하는 삶을 꾸준히 살아가는 것만으로도 충분합니다.

특히 6/2는 누군가가 자꾸 간섭하거나 자신의 리듬을 흔들 때 쉽게 피곤해지거나 거리를 두고 싶어질 수 있습니다. 반대로 혼자만의 시간과 편안한 환경이 보장될 때, 오히려 그 진가가 자연스럽게 드러나는 성향입니다.

꾸미지 않아도, 애쓰지 않아도 나답게 내가 좋아하는 삶을 살아가는 그 자체가 다른 사람들에게 위로가 되고 롤모델이 될 수 있는 사람이 바로 6/2입니다.

EP. 사회적 성향 6/2 (천재적 현자)

이상을 꿈꾸는 우리 언니,
이대로 둬도 괜찮은 걸까요?

한 번도 서울을 떠나 살아본 적 없던 예진이와 언니 서진이는, 평소 제주도를 배경으로 한 예능 프로그램을 함께 즐겨 보곤 했습니다.

아름다운 바다 풍경, 조용한 마을, 여유로운 사람들의 모습은 늘 TV 속 이야기처럼 느껴졌습니다. 언니 서진이는 그럴 때마다 "언젠가는 자연 속에서 여유롭게 살아보고 싶다"라는 꿈을 말하곤 했습니다.

하지만 가족들은 그 말을 그저 일상적인 바람 정도로 생각하며, 대수롭지 않게 흘려들었습니다.

그러나 그 말은 결국 현실이 되었습니다. 어느 날, 서진이는 서울 생활을 과감히 정리하고 진짜로 제주도로 떠나버린 것입니다. 모두가 말렸지만 그녀는 단호했고, 결국 그곳에서 놀라울 정도로 평온하고 충만한 삶을 살아가고 있었습니다.

SNS에 가끔 올라오는 사진 속 그녀는 햇살을 받으며 텃밭을 가꾸고, 바닷가를 산책하며, 고요한 일상을 누리고 있었습니다.

많은 사람들이 안정과 현실을 이유로 꿈을 미뤄두고 살아갑니다. 하지만 언니 서진이는 무모해 보일 수도 있는 선택을 주저 없이 실천에 옮겼고, 누구보다 당당하고 행복해 보였습니다. 현실과 타협하기보다는 자신이 원하는 삶을 향해 한 걸음 내디딘 그녀. 과연 서진이는 어떤 성향이기에 그런 결정을 망설임 없이 내릴 수 있었을까요?

그 이유는 바로 서진이의 사회적 성향이 6/2이기 때문입니다. 사회적 성향이 6/2인 사람들은 눈앞의 현실보다 '내가 진짜 원하는 삶이 무엇인지'를 더 중요하게 생각합니다.

다른 사람들이 보기엔 무모하거나 비현실적으로 보일 수 있어도, 이들은 오히려 그런 시선을 두려워하지 않고 자신만의 방향대로 삶을 이끌어 갑니다.

또한 2라인의 성향 덕분에, 혼자만의 시간을 즐기고 스스로 배워나가는 것을 좋아합니다. 누가 시키지 않아도 좋아하는 일에는 깊이 몰입하며, 그렇게 쌓아온 재능으로 주변 사람들을 종종 놀라게 만듭니다.

6/2는 억지로 앞에 나서거나 남의 기준에 맞추기보다는, 자신만의 리듬과 방식으로 살아갈 때 가장 자연스럽고 빛나는 사람입니다.

틀에 박힌 삶보다 '내가 진짜 원하는 삶'을 향해 한 걸음씩 나아가는 것 그것이 바로 6/2가 가진 가장 큰 힘이자 매력입니다.

6/2
천재적 현자
솔루션

나의 삶의 태도가
곧 사람들에게 영감을 줍니다.

사회적 성향이 6/2인 사람들은 억지로 노력하지 않아도 자연스럽게 주변 사람들의 본보기가 되는 성향입니다. 그래서 사람들이 6/2를 보면 '왠지 저 사람처럼 살고 싶다'는 생각이 들기도 합니다. 하지만 진짜 매력은 여기에 따뜻함과 배려, 그리고 열린 마음까지 더해질 때 빛을 발합니다.

결국 6/2가 기억해야 할 가장 중요한 태도는 '교만함'이 아닌 '지혜로움', '거리감'이 아닌 '따뜻함'입니다. 내가 어떻게 살아가느냐가 결국 사람들과 어떻게 연결되고 기억되는지를 결정짓게 됩니다.

이것이 바로 6/2가 가진 진짜 힘이자 매력입니다.

6/3(실험적 현자)

6라인(의식)
자신이 꿈꾸는 이상을 삶 속에서 실현해 나가며, 스스로 정한 방향을 따라 묵묵히 걸어가는 성향.

3라인(무의식)
현실 속에서 직접 부딪히며 자신만의 해답을 찾아가는 실전파, 시행착오를 통해 다양한 경험을 쌓으며 성장하는 성향.

CHAPTER 3 사회적 성향 6/3 (실험적 현자)

사회적 성향 6/3
실험적 현자

휴먼디자인에서 사회적 성향 6/3은 '현자(6라인)'와 '실험가(3라인)'의 성향이 결합한 조합입니다.

이 조합을 가진 사람은 한편으로는 삶을 깊이 있게 바라보고 통찰하려는 성향이 강하면서도, 다른 한편으로는 직접 부딪히고 시행착오를 겪으며 몸으로 배우는 실용적인 성향도 함께 지니고 있습니다.

6라인은 자신의 이상과 가치관을 지키며 세상을 한 발짝 떨어져 바라보는 특성이 있고, 3라인은 실수를 통해 배우며 삶 속에서 직접 경험하는 것을 중요하게 여깁니다.

그래서 6/3은 머리로만 생각하거나 몸으로만 행동하는 사람이 아니라, 이론과 현실 사이를 오가며 균형을 찾는 사람입니다.

이들은 종종 실수를 반복하거나 혼란스러운 시기를 겪기도 하지만, 그 속에서 진짜 배움을 얻습니다. 남들이 보기엔 자꾸 실패하는 것처럼 보여도, 6/3은 그 모든 경험을 통해 자기만의 방식으로 성장해 가고 있습니다.

실패에 쉽게 무너지지 않고, 예상치 못한 상황에도 유연하게 대처하는 회복력도 강합니다. 책이나 이론만으로는 만족하지 않고, 실제로 해봐야 진짜로 이해할 수 있는 사람들입니다. 그렇기에 시간이 지날수록 누구보다 현실적인 지혜와 깊은 통찰을 지니게 됩니다.

주변에서는 '왜 자꾸 부딪히며 살지?', '좀 더 계획적으로 움직이면 좋을 텐데'라고 생각할 수 있지만, 실험적 현자인 6/3에게는 그 모든 실험이 자신을 알아가고 세상을 이해해 가는 과정입니다.

억지로 앞에 나서지 않아도, 이들이 살아온 삶 자체가 누군가에게는 진심 어린 조언이 되고, 현실적인 길잡이가 됩니다.

결국 6/3은 많은 실패와 경험을 통해 진짜 깊이 있는 조언을 해줄 수 있는 사람, 현실적인 지혜를 지닌 조용한 리더로 성장할 수 있는 성향입니다. 치열하게 살아온 그 여정 자체가, 이들의 가장 큰 힘이자 매력입니다.

EP. 사회적 성향 6/3 (실험적 현자)

50세에 공무원이 되어
나타난 내 친구,
그 이유는?

영식이는 오랜만에 대학 동기들과 동창회에 참석했습니다. 그 자리에는 한동안 소식이 없던 친구, 재원이도 있었습니다.

오랜만의 재회에 서로 안부를 나누던 중, 재원이는 영식이에게 명함 한 장을 건넸고 그 순간 영식이는 깜짝 놀랐습니다. 재원이가 무려 50이 넘은 나이에 공무원이 되어 돌아온 것이었기 때문입니다.

불과 몇 년 전까지만 해도 재원이는 여러 사업을 시도하며 성공과 실패를 반복하던 인물이었습니다. 연락도 뜸하고 늘 새로운 도전 중이던 그였기에, 이렇게 안정된 모습으로 나타난 건 모두에게 의외였습니다.

하지만 친구들은 곧 "역시 재원이답다"라며 진심으로 축하의 말을 건넸습니다. 늘 무모해 보이지만 진심으로 도전하던 그의 성향을 알고 있었기에, 놀랍지만 이상하진 않았습니다.

재원이는 사회적 성향이 6/3입니다. 이 조합은 이상을 꿈꾸고 조용히 삶을 관찰하는 성향(6라인)과, 직접 부딪히며 시행착오를 통해 배우는 실천적 기질(3라인)을 함께 지닌 성향입니다. 겉으로 보기엔 차분하고 신중해 보이지만, 속마음은 늘 '더 나은 삶'을 향한 실험과 도전으로 가득합니다.

사회적 성향이 6/3인 사람들은 상상에만 머무르지 않습니다. 새로운 목표가 생기면 직접 부딪히며 다양한 방식으로 시도하고, 그 안에서 성공과 실패를 온몸으로 겪으며 자신만의 통찰을 쌓아갑니다. 반복되는 실패에 회의를 느낄 때도 있지만, 그 모든 과정이 결국 삶의 깊이를 만들어주는 자양분이 됩니다.

이들의 도전은 단순한 변화를 넘어서 삶의 방향 자체를 바꾸려는 시도인 경우가 많습니다. 그래서 주변의 반대나 걱정과 자주 마주하게 되지만, 6/3에게 중요한 건 그 도전이 '자신에게 정말 필요하다'라는 확신입니다.

또한 이들에게 꼭 필요한 건, 모든 걸 혼자 감당하려 하지 않고 자기 생각과 방향을 솔직하게 나누는 일입니다. 아직 구체적이지 않더라도 진심을 나누면, 사람들은 그 안에서 의지를 읽고 오히려 응원을 보내게 됩니다.

끊임없이 실패하고 다시 일어서며, 삶을 직접 경험으로 배우는 사람. 그렇게 살아온 이야기를 통찰로 바꾸는 사람. 그게 바로 사회적 성향 6/3, 그리고 지금의 재원입니다.

6/3
실험적 현자 솔루션

흔들림 없이 나아가는
나의 삶이 곧 답이 됩니다.

사회적 성향 6/3을 가진 사람들은 도전하는 과정에서 실수나 실패를 겪을 수 있습니다.

하지만 그때마다 감정적으로 흔들리기보다는, '이 또한 과정의 일부'라고 생각하며 유연하게 받아들이는 태도가 중요합니다.

상황에 휘둘리지 않고 스스로 세운 방향과 말에 책임을 다해 꾸준히 나아간다면, 결국 나의 과정을 지켜본 사람들은 진정성 있는 삶을 살아가는 나를 존경하고, 본받고 싶어질 것입니다.

CHAPTER 4

에너지 흐름

나도 나를 모르겠는 날이 있다.
하루에도 몇 번씩.

CHAPTER 4 에너지 흐름(5 Definition)

나를 이루는
에너지 연결 구조

사람마다 집중이 잘 되는 환경이 다르다는 걸 알고 있나요? 카페처럼 북적이는 곳에서 더 잘 집중하는 사람이 있는가 하면, 오히려 조용한 공간에서 집중력이 높아지는 사람도 있습니다.

이처럼 각자에게 맞는 환경이 다른 이유는, 우리 안의 에너지 흐름이 모두 다르기 때문입니다.

이것을 휴먼디자인에서 '에너지 흐름'이라고 부릅니다.

휴먼디자인에서는 이 에너지 흐름을 차트 안에서 색이 칠해진 '센터'들이 어떻게 연결되어 있는지를 통해 설명합니다. 이 연결 구조는 내가 어떤 방식으로 사고하고, 사람들과 관계를 맺으며, 소통하는지에 영향을 미칩니다.

또한 에너지가 하나로 매끄럽게 연결되어 조화롭게 흐르는지, 아니면 여러 갈래로 나뉘어 따로 작동하는지도 알 수 있습니다.

이 흐름을 이해하면 나만의 에너지 사용 방식을 알 수 있고, 세상과 연결되는 '나다운 방식'도 더 명확하게 느낄 수 있게 됩니다.

한 묶음 흐름(Single Definition)

정의된 센터들이 모두 하나로 이어져 하나의 흐름을 이루는 구조입니다. 이 에너지 흐름을 가진 사람은 혼자서도 스스로 에너지가 잘 돌기 때문에 누군가의 도움 없이도 안정적으로 생각하고 행동할 수 있습니다. 다른 사람에게 의존하지 않아도 자기 힘으로 충분히 일하고 살아갈 수 있는 타입입니다.

두 묶음 흐름(Split Definition)

정의된 센터가 두 그룹으로 나뉘어 있는 구조입니다. 그래서 혼자 있을 때는 쉽게 집중이 안 되거나 답답함을 느낄 수 있습니다. 반대로, 사람들과 함께 있거나 사람들이 있는 공간에 있을 때는 자연스럽게 편안해지고 일이나 공부도 더 잘됩니다. 특히 다른 사람의 에너지가 나의 두 에너지 흐름을 연결해 줄 때, 더 안정적이고 명확한 느낌을 받을 수 있습니다.

세 묶음 흐름(Triple Split Definition)

정의된 센터가 세 그룹으로 나누어진 구조입니다. 이런 사람은 혼자 있을 때 에너지가 완전히 이어지지 않아 답답함을 느끼기 쉽습니다. 하지만 사람들과 가볍게 어울리거나, 환경을 조금만 바꿔도 금세 에너지가 연결되어 편안해집니다. 꼭 많은 사람들과 함께하지 않아도 적당한 만남이나 변화만으로 집중과 안정감을 찾을 수 있는 구조입니다.

네 묶음 흐름(Quadruple Split Definition)

정의된 센터가 네 그룹으로 나누어진 구조입니다. 이런 사람은 혼자 있거나 단조로운 환경에서는 에너지가 잘 이어지지 않아 답답함을 느끼기 쉽습니다. 여러 사람과 어울리거나 다양한 환경을 경험할 때 비로소 에너지가 자연스럽게 연결되고 마음도 편안해집니다. 한두 사람이나 익숙한 공간만으로는 부족하므로, 다양한 사람들과 꾸준히 관계를 맺는 것이 중요합니다.

절전 모드(No Definition)

정의된 센터가 하나도 없는 매우 특별한 구조입니다. 모든 센터가 미정의되어 있어 외부 세계를 그대로 비추는 거울 같은 존재입니다. 자신만의 고정된 에너지가 없으므로 때로는 활발하고 때로는 조용하고 잠잠해지는 등 상태가 자주 바뀔 수 있습니다. 주변 사람이나 환경의 영향을 매우 크게 받으며, 상황에 따라 에너지와 기분이 달라지는 편입니다.

CHAPTER

5

회로

우리의 연결은 말로 설명할 수 없지만,
몸은 기억하고 있다.

CHAPTER 5 회로(Circuit)

나의 사고, 행동,
관계 방식을 이끄는
에너지 설계도

사람마다 발현될 수 있는 재능이 다 다르다는 사실, 알고 계셨나요? 어떤 사람은 상황이나 이미지를 떠올리며 생각하고, 어떤 사람은 논리적으로 사고하며, 또 어떤 사람은 갑자기 문득 떠오르는 방식으로 생각을 이어나갑니다.

이처럼 생각하는 방식이 사람마다 다른 이유는 각자가 가지고 있는 채널이 다르기 때문입니다.

채널은 게이트와 게이트를 이어주는 선으로, 두 개의 센터를 연결해 불을 밝히는 역할을 합니다. 그리고 어떤 채널이 연결되어 있는가에 따라 그 사람만의 고유한 재능, 성향, 행동 방식이 드러나게 됩니다.

이렇게 각각의 채널이 연결되어 모이면 하나의 더 큰 에너지 흐름이 만들어지는데 이를 회로라고 부릅니다. 회로는 비슷한 특징을 가진 채널끼리 모인 그룹이며, 특정 회로에 속한 채널이 많을수록 그 회로의 성향과 에너지 흐름이 더욱 뚜렷하게 나타납니다.

결국 사람마다 채널과 회로의 조합이 다르므로 생각하는 방식, 관계를 맺는 스타일, 삶을 살아가는 모습 또 한 저마다 독특하게 드러나게 됩니다.

채널(Channel) - 내 안의 재능을 연결하는 통로

휴먼디자인에서 채널(Channel)은 두 개의 게이트가 연결될 때 만들어집니다. 이 채널은 센터와 센터를 이어주는 통로 역할을 하므로 채널이 연결되면 2개의 센터가 정의됩니다.

게이트 하나만 있을 때보다 두 게이트가 채널로 연결되면 그 에너지가 훨씬 강하게 흐르고, 그 사람이 가진 특정한 성향이나 재능이 더 분명하게 드러납니다.

쉽게 말해 채널은 내 안의 중요한 에너지 흐름을 만들어 주는 길이고 이 길이 열리면 그에 해당하는 성격이나 능력, 행동 방식이 더 강하게 나타난다고 볼 수 있습니다.

▌회로(Circuit) - 채널이 모여 만드는 큰 그림

휴먼디자인에서는 여러 채널이 모여 하나의 큰 에너지 흐름을 만들게 되는데 이를 '회로(Circuit)'라고 부릅니다.

각 채널은 저마다 고유한 성향을 지니고 있습니다. 어떤 채널은 논리적으로 사고하고 설명하는 성향을, 어떤 채널은 감정이나 기억처럼 추상적인 성향을, 또 어떤 채널은 창의적이고 독립적인 개인 중심의 성향이나 가족·공동체처럼 관계 중심적인 성향을 보이기도 합니다.

이처럼 비슷한 성향을 지닌 채널들이 모여 하나의 회로를 이루며, 사람마다 어떤 회로의 채널이 많이 정의되어 있는가에 따라 그 회로의 특징이 더욱 두드러지게 나타나고 자연스럽게 그 에너지 흐름에 맞는 사고방식이나 행동 형태를 보이게 됩니다.

논리 회로(Logic Circuit)
이성과 패턴으로 세상을 이해

논리 회로(Logic Circuit)는 휴먼디자인 시스템에서 '이성적인 사고'와 '패턴을 읽는 능력'을 바탕으로 작동하는 회로입니다.

이 회로를 가진 사람들은 세상을 이해하고 예측하는 데 관심이 많고, '왜 그렇지?', '어떻게 되는 거지?' 같은 질문을 자주 던지는 편입니다. 또한, 어떤 일이 반복되는 규칙이나 흐름 속에서 일어날 때 가장 안정감을 느끼며, 논리적이고 일관된 시스템을 중요하게 생각합니다.

논리 회로(Logic Circuit)

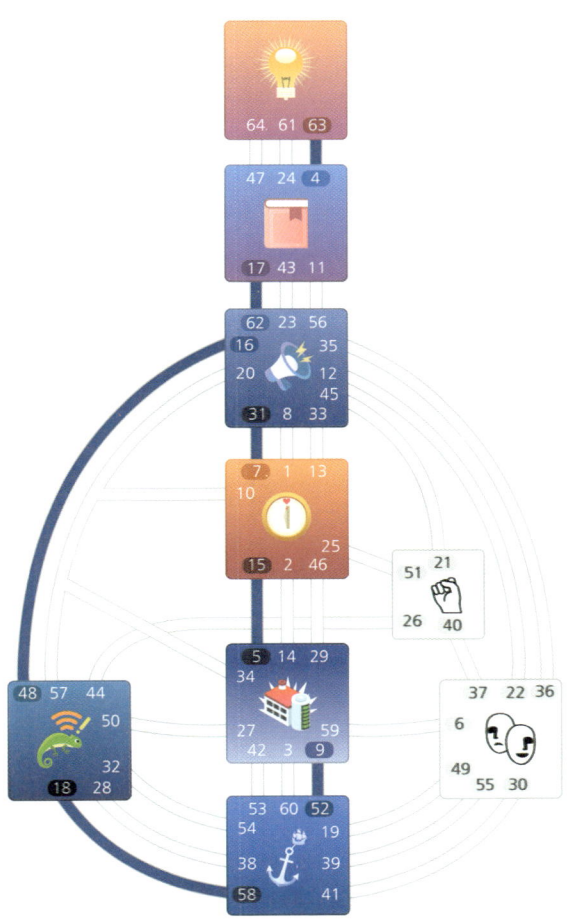

477

논리 회로(Logic Circuit)

63-4	패턴 인식, 논리적 사고, 질문, 믿음의 기반, 분석
17-62	의견, 세부사항, 논리적 계획, 구조화, 통찰력의 표현
7-31	리더십, 비전 제시, 영향력, 민주적 리더, 집단의 방향 설정
5-15	자연스러운 흐름, 일상 루틴, 인류애, 독특한 리듬, 다양성 수용
52-9	집중력, 인내, 세밀함, 지속적인 주의, 안정
58-18	완성 추구, 비판적 통찰, 즐거움, 개선 욕구
48-16	반복과 연습, 기술의 숙련, 능숙함

추상 회로(Abstract Circuit)
경험과 감정을 통해 삶의 의미를 깨달음

추상 회로는 삶을 머리로 이해하기보다, 온몸으로 느끼고 경험하면서 의미를 찾아가는 회로입니다.

이 회로를 가진 사람들은 과거의 기억과 감정, 그리고 인생에서 겪은 이야기들 속에서 깊은 통찰을 얻습니다. 논리적으로 분석해서 결론을 내리기보다는, 시간과 경험을 통해 자연스럽게 의미를 깨닫는 스타일입니다.

그래서 감정에 민감한 편이며, 지나온 이야기를 곱씹고 그것을 다른 사람들과 나누는 데서 큰 위로와 힘을 얻는 경우가 많습니다.

추상 회로(Abstract Circuit)

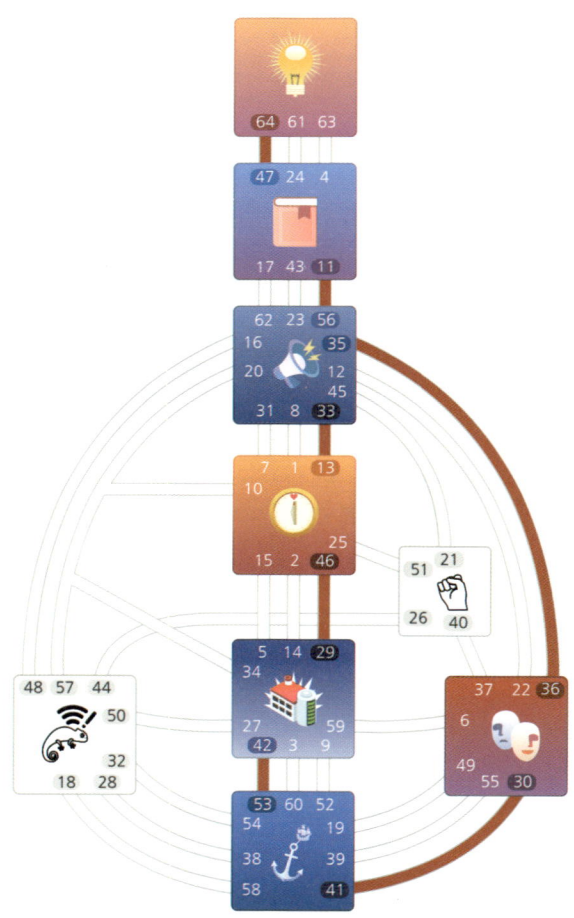

추상 회로(Abstract Circuit)

64-47	혼란에서 통찰로, 의미 찾기, 삶의 이야기 구성, 경험의 통합
11-56	이야기꾼, 아이디어, 경험 공유, 환상, 여행자적 에너지
13-33	경험 공유, 역사, 경청자, 기억의 통합
29-46	헌신, 신체 경험, 흐름, 삶에 대한 열정
53-42	시작과 완성, 성장의 흐름, 단계적 발전, 인내심, 주기적인 흐름
41-30	욕망, 기대, 감정적 경험, 갈망, 새로움에 대한 열망
36-35	다양한 삶의 경험, 감정적 모험, 충동과 기대, 새로운 시도

개인 회로(Individual Circuit)
나만의 방식으로 세상에 변화를 일으킴

개인 회로는 '나만의 방식'으로 삶을 살아가며, 그 과정을 통해 세상에 새로운 변화를 만들어 내는 회로입니다.

이 회로를 가진 사람들은 자신만의 감각과 스타일을 소중히 여기며, 남들과 다르더라도 자기 길을 따를 때 가장 큰 에너지를 발휘합니다.

결국 '나답게 사는 것' 자체가 주변에 신선한 자극과 변화를 일으키는 힘이 되는 사람들입니다.

개인 회로(Individual Circuit)

개인 회로(Individual Circuit)

61-24	신념, 내적 반복, 통합, 깨달음, 혼자만의 이해 과정
43-23	천재성, 독특한 사고, 명료한 표현, 통찰력
1-8	창의성, 자기표현, 독창성, 영향력, 롤모델
14-2	방향성, 자율성, 생명력, 물질적 성공, 흐름
60-3	혁신, 혼돈에서의 질서, 새로운 시작, 진화, 인내
39-55	감정의 깊이, 내면의 변화, 창의적 표현, 감정의 도전과 해방
12-22	감정적 표현, 진정성, 개성, 사회적 표현, 기분 따라 말하기
38-28	의미 추구, 끈기, 존재 목적, 인내, 내면의 강함
57-20	순간 인식, 본능적 반응, 직감, 생존 감각
10-20	자기인식, 현재의식, 진정성, 존재감, 순간의 힘

34-10	자기표현, 독립성, 행동의 자유, 자기확신, 강한 생명력
51-25	경쟁, 용기, 깨달음의 자극, 놀라움, 새로운 시작
57-10	직관, 자기보존, 생존 감각, 자기 사랑, 미적 감각
34-20	현재의 행동력, 즉각적 반응, 파워풀한 에너지, 자기표현
34-57	본능적 생존, 직관적 반응, 강한 에너지, 자기보호, 즉각 행동

부족 회로(Tribal Circuit)
함께 돌보고 연결되며 살아가는 공동체

부족 회로는 가족이나 친구처럼 가까운 사람들과의 관계, 그리고 공동체 안에서 서로를 돌보는 데 중심을 두는 회로입니다.

이 회로를 가진 사람들은 혼자 있을 때보다 누군가와 함께할 때 더 큰 에너지를 느끼며, 주변 사람을 챙기고 보살피는 데서 깊은 만족감을 얻습니다.

이들에게 '함께 잘 살아가는 것'은 단순한 선택이 아닌, 삶의 중요한 가치이자 원동력이 됩니다.

부족 회로(Tribal Circuit)

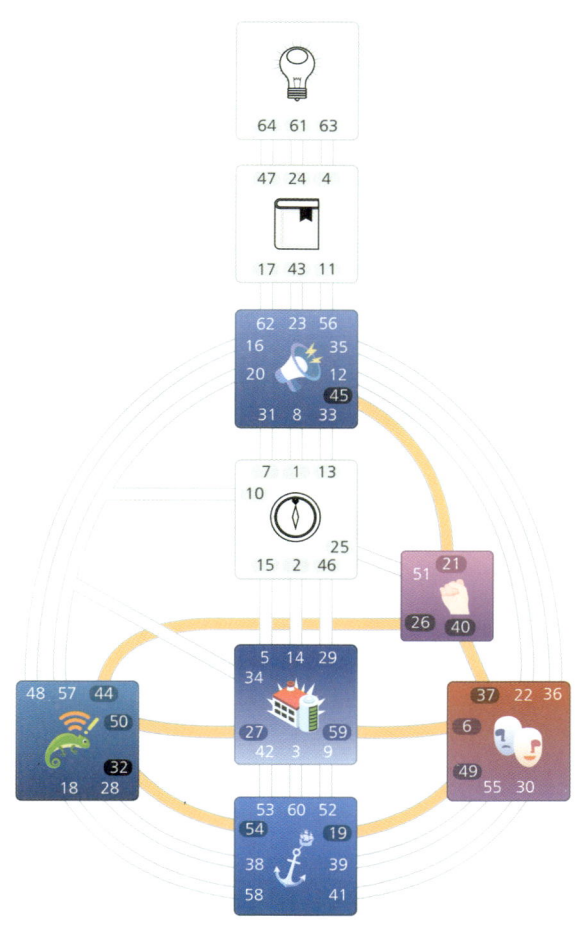

487

부족 회로(Tribal Circuit)

59-6	친밀감, 관계 형성, 성적 에너지, 결속력, 감정적 경계
19-49	필요, 정서적 민감성, 공동체 의식, 소속감
21-45	자원 관리, 권위, 리더십, 가족 또는 커뮤니티의 관리자
26-44	설득력, 기억력, 전략, 영향력, 거래 감각
27-50	양육, 책임감, 보호, 실용성, 생존 본능
54-32	야망, 성취 욕구, 생존 본능, 발전 추구, 성공을 위한 집중
37-40	협상, 계약, 가족과 소속감, 지원과 책임, 정서적 연결

CHAPTER

6

결정 방식

흔들리지 않는 선택 방식을
이해할 수 있다면…

CHAPTER 6 결정 방식(Authority)

나에게 가장
자연스러운 결정법

휴먼디자인에서는 사람마다 결정을 내리는 방식이 다르며, 그 기준은 머리로 생각하거나 타인의 조언을 듣는 것이 아니라, 자신의 몸에서 올라오는 감각이나 신호를 따르는 것이라고 말합니다. 어떤 사람은 감정이 가라앉은 후에, 어떤 사람은 직관적으로 즉시, 또 어떤 사람은 몸의 반응을 따라 결정을 내리는 것이 자신에게 맞는 결정 방식입니다.

우리는 흔히 머리로 고민하거나 주변의 말을 듣고 선택하지만, 사실 사람마다 각자 자신에게 맞는 결정법이 있습니다. 이 결정법을 신뢰하고 따를 수 있다면, 후회 없는 선택과 나다운 삶을 살아갈 수 있게 됩니다.

감정 결정 방식(Emotional Authority)
**감정의 물결이 잦아든 뒤,
결정하는 방식**

감정 센터가 정의되면 이 결정 방식을 가지게 됩니다. 이 결정 방식을 가진 사람은 어떤 선택을 할 때 즉시 결정하기보다 감정이 가라앉을 때까지 기다리는 것이 가장 좋습니다.

감정에 따라 생각이나 느낌이 쉽게 바뀔 수 있기 때문에, 평온할 때 자신이 진짜 원하는 것이 무엇인지 더 명확하게 알 수 있습니다.

순간의 기분에 휩쓸려 내린 결정은 나중에 후회로 이어질 수 있지만, 조금만 기다리면 더 깊고 안정적인 선택을 할 수 있는 힘이 생깁니다.

활력 결정 방식(Sacral Authority)
**몸에서 올라오는
본능적인 반응을 따라 결정하는 방식**

이 결정 방식은 감정 센터가 정의되어 있지 않고, 활력 센터가 정의된 사람들이 가지는 결정 방식입니다. 이 결정 방식을 가진 사람들은 머리로 깊이 고민하기보다는, 몸에서 자연스럽게 올라오는 반응을 따라 결정을 내리는 것이 가장 정확합니다.

"이걸 해야 할까?"라는 질문에 대해, "응!" 혹은 "아니!"처럼 즉각적으로 나오는 느낌이나 소리로 반응하는 경향이 있으며, 말로 설명하기는 어렵지만 배에서 올라오는 듯한 "음~", "응!", "흠…" 같은 반응이 바로 그 신호입니다.

이러한 본능적인 느낌을 믿고 따르는 것이, 이들에게는 가장 자연스럽고 올바른 결정 방식입니다.

직관 결정 방식(Splenic Authority)</h2>
**순간적으로 스치는
직감을 믿고 따르는 결정 방식**

이 결정 방식은 감정 센터와 활력 센터는 정의되어 있지 않고, 직관 센터가 정의된 사람들이 가지는 결정 방식입니다. 이 결정 방식을 가진 사람은 머리로 오래 고민하기보다는, 그 순간 떠오르는 직감과 본능적인 느낌을 따라 결정하는 것이 가장 자연스럽습니다.

건강과 생존에 대한 섬세한 감각을 타고난 이들은 결정의 순간에 마치 속삭이듯 조용하게 다가오는 '이거야' 하는 직감을 느낍니다. 하지만 이 느낌은 단 한 번, 아주 짧게 지나가므로 망설이거나 무시하면 쉽게 놓칠 수 있습니다.

따라서 이 결정 방식을 지닌 사람에게 가장 중요한 건, 순간적으로 스치는 직관을 알아차리고 믿는 것입니다.

에고 현시 결정 방식(Ego Authority)
내 진심과 의지를 바탕으로
선택하는 결정 방식

이 결정 방식은 감정 센터, 활력 센터, 직관 센터가 정의되지 않고, 에고 센터가 정의된 종족(혁신주도가)인 사람들이 가지는 결정 방식입니다. 이 결정 방식을 가진 사람들은 '내가 진짜 원하는가?'라는 자기 욕망과 의지를 기준으로 선택을 내립니다.

다른 사람의 기대나 논리가 아닌, 자신의 마음속 진심을 따를 때 가장 정확하고 건강한 결정을 할 수 있습니다. 결정할 때는 혼잣말로 스스로에게 물어보는 과정이 중요합니다. 그 말에 힘이 실리고 진정성이 느껴진다면, 그것이 바로 나에게 맞는 선택입니다.

이 결정 방식은 특히 혁신주도가 종족에게만 나타나는 독특한 결정 방식으로, 진심에서 우러나온 의지를 따라 행동할 때 삶은 더 건강하고 안정적인 흐름을 타게 됩니다.

에고 투사 결정 방식(Self-Projected Ego Authority)
**스스로의 의지에 따라
진짜 원하는 것을 선택하는 결정 방식**

이 결정 방식은 감정 센터, 활력 센터, 직관 센터가 정의되지 않고, 에고 센터가 정의된 종족(가이드)에게만 나타나는 특별한 결정 방식입니다.

이 방식은 머리로 계산하거나 남의 의견을 따르기보다 '내가 진짜 원하는 게 뭘까?', '이게 나를 위한 선택일까?'라는 질문을 스스로에게 던지고 그 안에서 자연스럽게 의지력이 올라오는지를 느껴보는 것이 핵심입니다.

이들은 의지력을 기반으로 약속을 지키고 책임을 다할 때 에너지가 흐르기 때문에 '정말 하고 싶다'라는 확신이 들면 그 길을 따르고, 의지가 느껴지지 않는다면 잠시 멈추는 것이 자신을 위한 건강한 선택이 됩니다.

방향성 결정 방식(Self-Projected Authority)
'나다움'을 기준으로
선택하는 결정 방식

이 결정 방식은 감정 센터, 활력 센터, 직관 센터, 에고 센터가 정의되지 않고, 방향 센터가 정의된 사람들이 가지는 결정 방식입니다.

이 결정 방식을 가진 사람들은 머리로 계산하거나 감정에 휘둘리기보다는 '나는 누구인가?', '이 선택이 나다운가?'라는 질문을 통해 자신의 방향을 찾아가는 방식입니다.

이렇게 나 자신에게 질문을 던지는 과정에서, 어떤 선택이 나에게 맞는지 자연스럽게 드러납니다.

결국, 이 결정 방식은 가장 나다운 결정을 할 때 가장 옳은 결정을 할 수 있는 방식입니다.

외부환경 결정 방식(Mental Projected Authority)
**사람들하고 대화하며
스스로의 생각을 정리하는 결정 방식**

이 결정 방식은 감정 센터, 활력 센터, 직관 센터, 에고 센터, 방향 센터가 정의되지 않고, 생각 센터가 정의되어 있는 결정 방식입니다. 이 결정 방식은 마음속으로 혼자 깊이 고민하기보다는, 믿을 수 있는 사람들과의 대화를 통해 자신을 비춰보며 결정하는 방식입니다.

이 결정권을 가진 사람은 머릿속에서만 생각을 굴리다 보면 오히려 혼란에 빠지기 쉬우며, 소리 내어 말하는 과정에서 비로소 자신의 진짜 생각을 알아차릴 수 있습니다.

중요한 선택을 앞두고 있다면, 혼자 끙끙 앓기보다 신뢰하는 사람과 대화를 나눠보세요. 그 속에서 자연스럽게 '내가 정말 원하는 결정'이 드러날 수 있습니다.

달 주기 결정 방식(Lunar Authority)
**약 28일 동안 자신을 지켜보며
천천히 결정하는 방식**

이 결정 방식은 모든 센터가 정의되어 있지 않을 때 나타나는 결정 방식이며, '거울' 종족에게만 나타나는 특별한 결정 방식입니다. 이 유형은 빠르게 결정하기보다는 충분한 시간을 갖고 천천히 결정하는 것이 훨씬 더 현명합니다.

보통은 달의 주기(약 28일)를 기준으로, 반복적으로 떠오르는 감정이나 생각을 관찰하며 자신을 지켜보는 과정이 필요합니다.

매일 어떤 느낌이 드는지, 무엇이 자꾸 마음에 남는지를 조용히 바라보다 보면 시간이 흐르면서 '이게 맞아'라는 감각이 자연스럽게 떠오르게 됩니다. 즉, 이 결정 방식의 핵심은 기다림과 관찰 속에서 나에게 맞는 흐름이 드러나도록 하는 것입니다.

에필로그

이제야 조금은
더 나를 알 것 같다.

에필로그

나를 이해하는 연습,
삶을 이해하는 시작

이 책은 아직 조금 낯설게 느껴질 수 있는 '휴먼디자인'을 보다 편하고 쉽게 받아들일 수 있도록 준비하였습니다. 결국 우리가 궁금해하는 것은 '어떻게 해야 나답게 살아갈 수 있을까?'라는 질문일 것입니다.

이 책은 그 질문에 대해 함께 고민하고, 각자에게 맞는 방향을 찾아가는 데 도움이 되고자 하였습니다.

책 속에서는 '타고난 성향'이나 '삶의 전략'과 같은 이야기들이 등장하지만, 이를 현실 속에서 바로 실천하는 것은 생각보다 쉽지 않습니다. 말 한마디, 행동 하나에도 신경이 쓰이고 머릿속이 복잡해지기 때문입니다.

하지만 자신에 대해 알게 되었다면, 한 번쯤은 삶 속에서 직접 실험하고 느껴보는 과정이 필요하다고 생각합니다. 그렇지 않으면 결국 또 다시 예전처럼 자신을 탓하며 같은 자리에서 맴돌게 될 수 있습니다.

휴먼디자인을 실제 삶에 적용해 본 분들은 하나같이 "예전에는 나를 자꾸 주변에 맞추려 했는데, 이제는 조금씩 나에게 집중하게 되었다", "왜 늘 지쳐있었는지, 왜 특정한 사람에게만 예민했는지도 이제는 이해가 간다"고 이야기합니다.

스스로 세운 기준에 미치지 못해 괜히 자신을 탓했던 순간들도, 사실은 그럴 필요가 없었다는 것을 깨닫게 됩니다. 물론, 실험을 해나가는 과정에서 실패를 겪거나 마음이 지치는 순간도 있을 수 있습니다.

하지만 그 모든 과정이 바로 '나답게 살아가는 연습'이라는 것을 기억해 주시기를 바랍니다.

이 책이 '진짜 나'를 이해하고 나만의 리듬을 존중하는 삶으로 나아가는 데 작은 힌트가 되길 바랍니다.

《나 사용 설명서》는 언제나 여러분의 삶을 응원합니다.

부록

누군가 정해준 길이 아니라

내가 기억해 낸 길…

부록

인카네이션 크로스
내가 어떻게 살아갈지를
알려주는 삶의 지도

우리는 모두 각자의 방식으로 인생을 살아갑니다.

하지만 어느 순간, 문득 이런 생각이 들곤 합니다. '왜 나는 비슷한 일을 반복해서 겪는 걸까?', '내 삶에는 어떤 흐름이 있는 걸까?'

휴먼디자인에서는 이러한 질문에 대한 실마리를 '인카네이션 크로스(Incarnation Cross)'를 통해 찾을 수 있다고 말합니다.

인카네이션 크로스는 '내가 이 생에서 어떤 방향으로 살아가게 될지, 어떤 이야기 속에 놓인 사람인지'를 알려주는 삶의 큰 주제이자 타고난 설계도입니다.

인카네이션 크로스는 태어난 날짜와 시간에 따라 정해지는 네 가지 주요 요소인 '의식 태양', '무의식 태양', '의식 지구', '무의식 지구' 조합으로 형성되며, 총 192가지의 유형이 존재합니다.

단순한 성격 분류를 넘어, 이는 삶의 방향성과 반복되는 테마를 이해하게 해주는 인생 지도와도 같습니다. 마치 영화 속 주인공이 각자의 운명과 서사를 따라가듯, 우리 역시 고유한 메시지와 흐름을 지닌 삶을 살아가고 있음을 보여줍니다.

인카네이션 크로스를 알게 되면 '나는 누구이고, 어떻게 살아가야 할까?'라는 질문에 좀 더 깊이 있는 답을 찾을 수 있을 것입니다.

＜ 나의 인카네이션 크로스 유형 알아보는 방법 ＞

나의 인카네이션 크로스는 이렇게 확인할 수 있습니다.

- 나의 사회적 성향 확인하기

차트에 표시된 숫자 중 소수점 뒤의 숫자가 사회적 성향을 의미합니다. 예를 들어, 의식 게이트의 최상단 게이트가 '58.1', 무의식 게이트의 최상단 게이트가 '18.3'이라면 앞번호는 1, 뒷번호는 3, 즉 사회적 성향은 1/3입니다.

사회적 성향은 내가 어떤 관점으로 세상을 살아가는지를 보여줍니다. 이 사회적 성향에 따라, 내가 속한 인카네이션 크로스의 방향(앵글)이 결정됩니다.

- 의식 태양 게이트 번호 확인하기

차트의 의식 영역에서 가장 위에 있는 숫자가 '의식 태양 게이트 번호'입니다. 예를 들어 '58.1'이라면, 게이트 번호는 58에 해당합니다.

의식 태양 기준으로 인카네이션 크로스가 달라지기 때문에 차트에서 '의식 태양(Personality Sun)'의 게이트 번호를 확인하면 나의 정확한 인카네이션 크로스 명칭을 알 수 있습니다.

⟨ 우측각, 병치, 좌측각 – 삶의 흐름을 결정짓는 앵글 ⟩

아래는 각 앵글(Angle)의 기본적인 성향에 대한 설명입니다. 이 앵글 유형을 통해, 그 사람이 타고난 삶의 방향성과 관점의 특징을 유추할 수 있습니다.

우측각 크로스(Right Angle Cross)

- 해당 사회적 성향: 1/3, 1/4, 2/4, 2/5, 3/5, 3/6, 4/6
- 기본 성향: 자기 인생에 집중하는 타입
- 외부의 기대나 흐름에 휘둘리지 않고, 자신의 경험과 선택을 통해 삶을 만들어 나감
- 내가 주인공이 되는 삶을 살아가는 경향이 강함

병치 크로스(Juxtaposition Cross)

- 해당 사회적 성향: 4/1(이 조합만 해당)
- 기본 성향: 자기만의 길을 안정적으로 걷는 타입
- 삶의 흐름이 크게 바뀌지 않음
- 직접적이진 않더라도 많은 이들에게 영향을 미치는 힘을 가지고 있음

좌측각 크로스(Left Angle Cross)

- 해당 프로파일: 5/1, 5/2, 6/2, 6/3
- 기본 성향: 타인과 연결되어 살아가는 타입
- 타인과의 관계 속에서 배우고 성장
- 함께하는 여정으로 삶의 목적을 완성해 가는 사람

The Right Angle Cross (사회적 성향 1/3, 1/4, 2/4, 2/5, 3/5, 3/6, 4/6)

게이트	인카네이션 크로스 명칭	내용
(1-2-7-13)	the Sphinx 4	나만의 방식으로 기여하는 사람
(2-1-13-7)	the Sphinx 2	길을 안내하는 사람
(3-50-60-56)	Laws 1	질서 속 변화를 이끄는 사람
(4-49-23-43)	Explanation 3	생각의 틀을 깨는 사람
(5-35-64-63)	Consciousness 4	삶의 흐름을 읽는 사람
(6-36-12-11)	Eden 3	자신만의 낙원을 찾는 사람
(7-13-2-1)	the Sphinx 3	리더십을 발휘하는 사람
(8-14-30-29)	Contagion 2	자신만의 길을 여는 사람
(9-16-40-37)	Planning 4	계획을 세우는 사람
(10-15-46-25)	Vessel of Love 4	사랑을 실천하는 사람
(11-12-6-36)	Eden 4	세상을 체험하는 사람
(12-11-36-6)	Eden 2	새로운 세상을 함께 여는 사람
(13-7-1-2)	the Sphinx 1	과거를 읽어내는 사람
(14-8-29-30)	Contagion 4	자원을 바탕으로 헌신하는 사람
(15-10-25-46)	Vessel of Love 2	공감, 연민, 사랑을 주는 사람
(16-9-37-40)	Planning 2	더 나은 길을 모색하는 사람

게이트	인카네이션 크로스 명칭	내용
(17-18-58-52)	Service 1	바로잡는 힘을 지닌 사람
(18-17-52-58)	Service 3	세상을 교정하는 사람
(19-33-44-24)	the Four Ways 4	부족한 부분을 채워주는 사람
(20-34-55-59)	Sleeping Phoenix 2	바쁘게 움직이는 사람
(21-48-38-39)	Tension 1	혁신을 주도하는 사람
(22-47-26-45)	Rulership 1	품위 있게 이끄는 사람
(23-43-49-4)	Explanation 2	새로움을 전하는 사람
(24-44-19-33)	the Four Ways 1	진리를 탐구하는 사람
(25-46-10-15)	Vessel of Love 1	모든 것에 사랑을 나누는 사람
(26-45-47-22)	Rulership 4	말로 영향력을 발휘하는 사람
(27-28-41-31)	the Unexpected 1	공동체를 지키는 사람
(28-27-31-41)	the Unexpected 3	투쟁 속 의미를 찾는 사람
(29-30-8-14)	Contagion 3	열정으로 나아가는 사람
(30-29-14-8)	Contagion 1	경험으로 길을 여는 사람
(31-41-27-28)	the Unexpected 2	뜻밖의 리더가 되는 사람
(32-42-62-61)	Maya 3	필요한 가치를 알아보는 사람

게이트	인카네이션 크로스 명칭	내용
(33-19-24-44)	the Four Ways 2	혼자만의 공간이 필요한 사람
(34-20-59-55)	Sleeping Phoenix 4	열정을 에너지로 쓰는 사람
(35-5-63-64)	Consciousness 2	경험의 흐름을 바꾸는 사람
(36-6-11-12)	the Eden 1	잃은 낙원을 다시 찾는 사람
(37-40-9-16)	Planning 1	공동체를 만들어가는 사람
(38-39-48-21)	Tension 4	목적을 향해 나아가는 사람
(39-38-21-48)	Tension 2	도발로 성장을 이끄는 사람
(40-37-16-9)	Planning 3	가성비를 판단하는 사람
(41-31-28-27)	the Unexpected 4	뜻밖의 발견을 전하는 사람
(42-32-61-62)	Maya 1	끝맺음을 향해 가는 사람
(43-23-4-49)	Explanation 4	통찰을 풀어내는 사람
(44-24-33-19)	the Four Ways 3	자원을 배분하는 사람
(45-26-22-47)	Rulership 2	주도권을 갖는 사람
(46-25-15-10)	Vessel of Love 3	삶의 감각을 즐기는 사람
(47-22-45-26)	Rulership 3	역사를 현재로 잇는 사람
(48-21-39-38)	Tension 3	깊이를 전하는 사람

게이트	인카네이션 크로스 명칭	내용
(49-4-43-23)	Explanation 1	변화를 일으키는 사람
(50-3-56-60)	Laws 3	공동체의 질서를 만드는 사람
(51-57-54-53)	Penetration 1	충격으로 각성시키는 사람
(52-58-17-18)	Service 2	말없이 인도하는 사람
(53-54-51-57)	Penetration 2	시작의 불씨가 되는 사람
(54-53-57-51)	Penetration 4	야망으로 주목받는 사람
(55-59-34-20)	Sleeping Phoenix 1	무드 속에서 피어나는 사람
(56-60-3-50)	Laws 2	이상적 구조를 말하는 사람
(57-51-53-54)	Penetration 3	직관으로 길을 여는 사람
(58-52-18-17)	Service 4	자신의 삶을 사랑하는 사람
(59-55-20-34)	Sleeping Phoenix 3	가족과 사랑을 지키는 사람
(60-56-50-3)	Laws 4	질서를 지키는 사람
(61-62-32-42)	Maya 4	세상의 인식을 바꾸는 사람
(62-61-42-32)	Maya 2	작은 것을 놓치지 않는 사람
(63-64-5-35)	Consciousness 1	질문으로 길을 여는 사람
(64-63-35-5)	Consciousness 3	아이디어로 영향 주는 사람

The Juxtaposition Cross (사회적 성향 4/1)

게이트	인카네이션 크로스 명칭	내용
(1-2-4-49)	Self-Expression 4	나답게 드러내는 사람
(2-1-49-4)	the Driver 2	진실로 이끄는 사람
(3-50-41-31)	Mutation 1	질서를 바꾸는 사람
(4-49-8-14)	Formulization 3	패턴을 설명하는 사람
(5-35-47-22)	Habits 4	리듬을 만드는 사람
(6-36-15-10)	Conflict 3	이상과 현실을 조율하는 사람
(7-13-23-43)	Interaction 3	관계를 통해 리드하는 사람
(8-14-55-59)	Contribution 2	행동으로 보여주는 사람
(9-16-64-63)	Focus 4	집중의 흐름을 타는 사람
(10-15-18-17)	Behavior 4	더 나은 방식을 찾는 사람
(11-12-46-25)	Ideas 4	자신의 생각을 표현하는 사람
(12-11-25-46)	Articulation 2	말로 사랑을 전하는 사람
(13-7-43-23)	Listening 1	이야기를 듣는 사람
(14-8-59-55)	Empowering 4	사랑과 안정을 추구하는 사람
(15-10-17-18)	Extremes 2	극단 속 리듬을 찾는 사람
(16-9-63-64)	Experimentation 2	마음먹은 건 이루는 사람

게이트	인카네이션 크로스 명칭	내용
(17-13-38-39)	Opinions 1	의견을 나누는 사람
(18-17-39-38)	Correction 3	흐름을 바로잡는 사람
(19-33-1-2)	Need 4	표현을 갈망하는 사람
(20-34-37-40)	the Now 2	지금 이 순간에 머무는 사람
(21-48-54-53)	Control 1	새 질서를 만드는 사람
(22-47-11-12)	Grace 1	경청으로 마음 여는 사람
(23-43-30-29)	Assimilation 2	아이디어로 세상을 흔드는 사람
(24-44-13-7)	Rationalization 1	지식을 풀어내는 사람
(25-46-58-52)	Innocence 1	삶 자체를 즐기는 사람
(26-45-6-36)	Trickster 4	설득에 재능 있는 사람
(27-28-19-33)	Caring 1	이웃을 사랑하는 사람
(28-27-33-19)	Risks 3	도전으로 살아가는 사람
(29-30-20-34)	Commitment 3	헌신하면서 살아가는 사람
(30-29-34-20)	Fates 1	열정에 몸을 맡기는 사람
(31-41-24-44)	Influence 2	흐름을 주도하는 사람
(32-42-56-60)	Conservation 3	위기를 준비하는 사람

게이트	인카네이션 크로스 명칭	내용
(33-19-2-1)	Retreat 2	평화의 공간을 여는 사람
(34-20-40-37)	Power 4	영향력을 나누는 사람
(35-5-22-47)	Experience 2	깊이 있는 경험을 추구하는 사람
(36-6-10-15)	Crisis 1	갈등 속 조화를 이루는 사람
(37-40-5-35)	Bargains 1	거래로 연결하는 사람
(38-39-57-51)	Opposition 4	정면으로 부딪는 사람
(39-38-51-57)	Provocation 2	반응을 끌어내는 사람
(40-37-35-5)	Denial 3	브레이크가 되어주는 사람
(41-31-44-24)	Fantasy 4	가능성을 상상하는 사람
(42-32-60-56)	Completion 1	완주를 목표로 하는 사람
(43-23-29-30)	Insight 4	직관으로 이해하는 사람
(44-24-7-13)	Alertness 3	조용히 경고를 주는 사람
(45-26-36-6)	Possession 2	관계의 주도권을 쥔 사람
(46-25-52-58)	Serendipity 3	때와 장소를 아는 사람
(47-22-12-11)	Oppression 3	아이디어를 흘리는 사람
(48-21-53-54)	Depth 3	깊이로 영감을 주는 사람

게이트	인카네이션 크로스 명칭	내용
(49-4-14-8)	Principles 1	변화를 일으키는 사람
(50-3-31-41)	Values 3	유연한 리더십을 지닌 사람
(51-57-61-62)	Shock 1	충격으로 변화를 이끄는 사람
(52-53-21-48)	Stillness 2	고요 속 지혜를 전하는 사람
(53-54-42-32)	Beginnings 2	변화를 시작하는 사람
(54-53-32-42)	Ambition 4	결심을 행동으로 옮기는 사람
(55-59-9-16)	Moods 1	감정의 깊이를 아는 사람
(56-60-27-28)	Stimulation 2	모험을 이야기하는 사람
(57-51-62-61)	Intuition 3	직관으로 이끄는 사람
(58-52-48-21)	Vitality 4	논리적 질서를 세우는 사람
(59-55-16-9)	Strategy 3	사람을 잇는 사람
(60-56-28-27)	Limitation 4	유산을 지켜내는 사람
(61-62-50-3)	Thinking 4	생각으로 길을 여는 사람
(62-61-3-50)	Detail 2	맥락 속에서 의미를 전하는 사람
(63-64-26-45)	Doubts 1	리스크를 감지하는 사람
(64-63-45-26)	Confusion 3	기록을 남기는 사람

The Left Angle Cross (사회적 성향 5/1, 5/2, 6/2, 6/3)

게이트	인카네이션 크로스 명칭	내용
(1-2-4-49)	Defiance 4	표현의 자유를 따르는 사람
(2-1-49-4)	Defiance 2	고정된 틀을 깨는 사람
(3-50-41-31)	Wishes 1	더 나은 내일을 여는 사람
(4-49-8-14)	Revolution 3	실천 가능한 길을 여는 사람
(5-35-47-22)	Separation 4	독자적 흐름을 지닌 사람
(6-36-15-10)	Plane 3	삶의 본보기가 되는 사람
(7-13-23-43)	Masks 3	필요할 때 등장하는 사람
(8-14-55-59)	Uncertainty 2	물질 너머의 의미를 찾는 사람
(9-16-64-63)	Identification 4	안정 속 열매를 맺는 사람
(10-15-18-17)	Prevention 4	옳고 그름을 가리는 사람
(11-12-46-25)	Education 4	교육의 길을 여는 사람
(12-11-25-46)	Education 2	지식을 설파하는 사람
(13-7-43-23)	Masks 1	내면의 가면을 벗는 사람
(14-8-59-55)	Uncertainty 4	물질로 안정을 주는 사람
(15-10-17-18)	Prevention 2	예방의 길잡이인 사람
(16-9-63-64)	Identification 2	함께하게 만드는 사람

게이트	인카네이션 크로스 명칭	내용
(17-18-38-39)	Upheaval 1	변화의 불씨를 던지는 사람
(18-17-39-38)	Upheaval 3	변화를 위해 나서는 사람
(19-33-1-2)	Refinement 4	필요한 것을 아는 사람
(20-34-37-40)	Duality 2	변화를 시도하는 사람
(21-48-54-53)	Endeavour 1	큰 그림을 짜는 사람
(22-47-11-12)	Informing 1	말과 마음을 이어주는 사람
(23-43-30-29)	Dedication 2	끈기 있게 전하는 사람
(24-44-13-7)	Incarnation 1	변화의 흐름을 잇는 사람
(25-46-58-52)	Healing 1	건강의 가치를 전하는 사람
(26-45-6-36)	Confrontation 4	권위에 맞서는 사람
(27-28-19-33)	Alignment 1	위기를 유연하게 넘는 사람
(28-27-33-19)	Alignment 3	새로운 길을 여는 사람
(29-30-20-34)	Industry 3	열정으로 움직이는 사람
(30-29-34-20)	Industry 1	함께 움직이게 하는 사람
(31-41-24-44)	Alpha 2	리더십을 타고난 사람
(32-42-56-60)	Limitation 3	현실을 직시하는 사람

게이트	인카네이션 크로스 명칭	내용
(33-19-2-1)	Refinement 2	공간의 의미를 아는 사람
(34-20-40-37)	Duality 4	혼자여도 함께여도 늘 빛나는 사람
(35-5-22-47)	Separation 2	타인을 있는 그대로 받아들이는 사람
(36-6-10-15)	the Plane 1	따로 또 같이 있는 사람
(37-40-5-35)	Migration 1	새로운 시작을 외치는 사람
(38-39-57-51)	Individualism 4	내면을 뒤흔드는 사람
(39-38-51-57)	Individualism 2	독자적 길을 가는 사람
(40-37-35-5)	Migration 3	때가 되면 움직이는 사람
(41-31-44-24)	Alpha 4	따르고 싶어지는 사람
(42-32-60-56)	Limitation 1	명확한 기준을 주는 사람
(43-23-29-30)	Dedication 4	통찰을 던지는 사람
(44-24-7-13)	Incarnation 3	감지하고 바로잡는 사람
(45-26-36-6)	Confrontation 2	주도권을 쥐는 사람
(46-25-52-58)	Healing 3	존재를 사랑하는 사람
(47-22-12-11)	Informing 3	말보다 예술로 전하는 사람
(48-21-53-54)	Endeavour 3	깊이를 나누는 사람

게이트	인카네이션 크로스 명칭	내용
(49-4-14-8)	Revolution 1	공익을 위해 싸우는 사람
(50-3-31-41)	Wishes 3	낡은 틀에 도전하는 사람
(51-57-61-62)	Clarion 1	변화의 방아쇠가 되는 사람
(52-58-21-48)	Demands 2	공공의 불편을 말하는 사람
(53-54-42-32)	Cycles 2	사이클을 이해하는 사람
(54-53-32-42)	Cycles 4	성장의 순환을 걷는 사람
(55-59-9-16)	Spirit 1	채워져야 빛나는 사람
(56-60-27-28)	Distraction 2	혼란 속 길을 여는 사람
(57-51-62-61)	Clarion 3	직관으로 다가가는 사람
(58-52-48-21)	Demands 4	정당한 대가를 요구하는 사람
(59-55-16-9)	Spirit 3	친밀함을 찾아가는 사람
(60-56-28-27)	Distraction 4	급변 속에 중심 잡는 사람
(61-62-50-3)	Obscuration 4	언어로 구조화하는 사람
(62-61-3-50)	Obscuration 2	패턴을 해석하는 사람
(63-64-26-45)	Dominion 1	책임지고 나서는 사람
(64-63-45-26)	Dominion 3	힘의 책임을 아는 사람

부록

인류의 자산 휴먼디자인,
누구의 소유물도
신념도 아님을 증명하다.

2020년 6월 3일, 휴먼디자인을 공부하는 전 세계인들이 환호할 만한 희소식이 들려왔습니다.

소식을 전한 곳은 지구 반대편 이탈리아에 있는 피렌체 법원. 휴먼디자인에 대한 이탈리아 영토 내 모든 교육 및 이탈리아어 저작권을 독점 소유하고 있다고 주장한 '휴먼디자인 이탈리아'가 이탈리아 출판사 '테라 누오바(Terra Nuova)'를 상대로 제기한 저작권 소송에서 법원이 출판사의 손을 들어준 것입니다.

저작권 싸움의 시작은 2019년 출판사 '테라 누오바'에서 휴먼디자인 내용이 집필된 저서가 출간되자 '휴먼디자인 이탈리아'가 자사를 제외한 그 누구도 휴먼디자인에 관한 책을 출판할 권리가 없다고 주장하며 시작되었습니다.

하지만 이탈리아 법원의 생각은 달랐습니다. '휴먼디자인 이탈리아'가 주장하는 휴먼디자인 교육 독점권은 이를 증명할 수 있는 증거가 불충분하고, 기존의 법체계에서 아이디어 표현은 자유로우며 종교적 숭배와 같은 행동의 대상이 아니기 때문에 학교나 설립자의 승인을 받을 필요도 없다고 판단했기 때문입니다.

덧붙여 휴먼디자인의 국제 본부인 조비안 아카이브(Jovian Archive)*역시 다른 사람들이 휴먼디자인 관련 작품을 출판하는 것을 막을 수 없다는 판결을 내렸습니다.

---

* 휴먼디자인 창시자인 라 우루 후(Ra Uru Hu)가 설립한 휴먼디자인 공식 국제 본부

의미가 남다른 이번 판결은 폐쇄적인 휴먼디자인 문화를 환기시킬 수 있는 중요한 선례가 되었고, 그간 개인 또는 특정 단체의 소유물로서 사용되었던 악례에서 벗어날 수 있게 되었습니다.

이로써 휴먼디자인은 아이매뉴얼 아카데미를 비롯하여 전 세계의 누구나 자유롭게 나누고 실험할 수 있는 인류의 소중한 자산임을 증명하였으며, 사람들의 다양한 사견, 실험 아이디어 등이 아름다운 창작으로 이어질 수 있는 가능성을 보게 되었습니다.

우리는 단순히 휴먼디자인이 저작권에서 자유로워졌다는 것에만 집중할 것이 아니라, 이 오랜 연구의 결실이 본질을 잃지 않도록 지속성을 갖고 자신에 대해 공부하며 또 실험해 나가야 합니다.

<이탈리아 대법원 – 휴먼디자인 저작권 무효 판결 기사 전문>
휴먼디자인 법정에 서다

2020년 6월 3일, 이탈리아 피렌체 법원은 휴먼디자인 시스템에 대한 저작권이 있을 수 없다는 판결을 내렸다. 이 판결은 휴먼디자인 이탈리아가 앨런 크라카워(라 우루 후)의 회사인 조비안 아카이브의 라이센스 소유자로서 이탈리아 및 이탈리아어에 대한 휴먼디자인 저작권을 독점적으로 소유하고 있다고 주장하는 소송에 대한 결과였다.

휴먼디자인 이탈리아는 2019년 6월 체탄 파킨의 저서 《휴먼디자인 - 당신의 진정한 본성을 발견하라》가 출간된 이후 이탈리아 출판사 테라 누오바(Terra Nuova)를 상대로 휴먼디자인 이탈리아를 제외한 그 누구도 휴먼디자인에 관한 책을 출판할 권리가 없다고 주장했다.

신속한 재판 후에 판사는 다르게 생각했다. 그의 결정은 다음과 같다. "청구인은 '휴먼디자인 시스템' 또는 그 가르침에 대한 독점권을 가지고 있음을 증명하는 증거를 제공하지 않았다. 이러한 가르침은 지적 재산권을 침해하지 않으면서도 창작자가 아닌 사람이 자유롭게 이야기하고 언급하고 설명할 수 있는 아이디어, 절차, 표현 방법론을 포함한다. 또한 그렇게 하기 위해, 기존의 법체계에서 아이디어의 표현은 자유롭고 종교적 숭배와 같은 행동의 대상이 아니기 때문에, 학교나 설립자의 승인을 받을 필요도 없다."

미국법에 의해 명시되고, 베른협약에 포함된 모든 국가(이탈리아 포함)에 대해 유효한 원칙은 저작권이 "그것이 설명되는 형식에 관계없이 아이디어, 절차, 프로세스, 시스템, 작동 방식, 개념, 원리 또는 발견"에 대해서는 인정될 수 없다는 것이다. 따라서 "크라카워가(그의 작품이 아니라) 그의 아이디어에 대한 일반적인 지적 재산권 소유자가 될 수 없다면, 그는 그것을 제3자에게 판매할 수 없다."

따라서 "조비안 아카이브에서 휴먼디자인 이탈리아로 존재하지 않는 저작권을 이용할 수 있는 권리가 양도될 수는 없다." 그리고 덧붙여, "조비안 아카이브나 그 양수인은 다른 사람들이 '휴먼디자인 시스템'에 대한 다른 작품을 출판하는 것을 막을 수 없다."

이러한 소식을 전하게 되어 매우 기쁘다. 왜냐하면 점성술, 카발라, 주역, 차크라 시스템, 뉴트리노(중성미자), 그리고 DNA 이론과 같은 휴먼디자인의 기초가 되는 것들은 단지 한 개인이나 한 그룹이 아니라 인류의 것이라고 믿기 때문이다. 물론 어떤 신비한 근원으로부터 그 시스템에 대한 지식을 전수받은 경험을 한 Ra에게 모두가 감사하고 있으며, 발견에 따른 저작인격권은 언제나 그의 것이겠지만, 법은 저작인격권은 양도할 수 없으며, 궁극적으로 그의 경험의 결실은 우리 모두의 것이라고 말하고 있다.

델리 고등법원은 2016년 소송에서 저작권은 "저작물의 절대적 소유권을 작가에게 부여하는 불가피하거나, 신성하거나, 자연적인 권리가 아니다. 오히려 대중의 지적 풍요를 위해 예술의 활동과 진보를 자극하도록 디자인되었다. 저작권은 지식의 수확을 방해하지 않고 증가시키기 위한 것이다. 작가와 발명가의 창작활동에 동기를 부여해 대중에게 이익을 주기 위한 것"이라고 설명했다.

더욱이, 이 법원 명령은 휴먼디자인 이탈리아, 조비안 아카이브 또는 휴먼디자인 시스템에 대한 지적 재산권을 주장하는 다른 조직이나 개인에 의해 시작될 수 있는 다른 소송에 대한 중요한 선례이기도 하다. 또한 수년간 괴롭힘을 당한 모든 독립적인 휴먼디자인 리더, 교사, 작가들에게도 중요하다!

대신, 휴먼디자인은 그러한 독립적인 휴먼디자인 실무자들의 작업으로부터 많은 혜택을 받았으며 그들의 전념, 연구 및 경험 덕분에 원래의 공식에서 엄청나게 발전했다. 이번 법원의 판결이 아름다운 과학의 자유로운 확장과 진화를 향한 첫걸음이 되도록 해야 한다.

Human Design goes to Court.

On 3rd June 2020, the Court of Florence pronounced an Order establishing that there cannot be a copyright on the Human Design system. The Order followed a lawsuit initiated by Human Design Italia, an association claiming they had the sole ownership of Human Design copyright in Italy and the Italian language as licensee of Alan Krakower (Ra Uru Hu)'s company, Jovian Archive.

HD Italia had gone against an Italian publisher, Terra Nuova, after the release, in June 2019, of Chetan Parkyn's book Human Design – Scopri la Tua Vera Natura; claiming that nobody else except Human Design Italia had the right to publish any book on Human Design.

After a speedy trial, the Judge thought otherwise. His decision stated: "…No evidence has been provided by the claimants to prove that they had exclusive rights on the 'Human Design System' or its teachings: those teachings cover ideas, procedures, methodologies of representation that can be freely talked about, mentioned and illustrated even by those who are not the creators, without this infringing intellectual property rights; nor, to do so, does one need to be authorized by a school or by its founders, since in our legal system the representation of ideas is free and is not subjected to cult-like behaviors."

The principle, stated by US Law and accepted by the Berne Convention as valid for all the countries who are part of it (and Italy is) is that copyright cannot be recognized for an "idea, procedure, process, system, method of operation, concept, principle or discovery, regardless of the form in which it is described," and therefore "If Krakower cannot be the holder of a general intellectual property right on his ideas (rather than on his works), he cannot have sold it to third parties."

So "The object of the transfer [from Jovian Archive to Human Design Italia, ed.] cannot be the right to exploit copyright that does not exist."

And more: "Neither it [Jovian Archive, ed.] nor its assignees could prevent others from publishing other works on the 'Human Design System'."

I am particularly pleased to release this news, because I really believe that HD, like Astrology, Kabbalah, I-Ching, the Chakra System, Neutrinos and the DNA theories on which Human Design is based, belongs to humanity as such and not to just one group of individuals.

Of course, everyone is grateful to Ra who went through the experience of receiving the knowledge about the system from some mysterious source, and the moral rights of the discovery will always be his, but the law says that moral right is not transmissible, and ultimately, that the fruit of his experience belongs to all of us.

As the Delhi High Court states, in a 2016 lawsuit, copyright is "not an inevitable, divine, or natural right that confers on authors the absolute ownership of their creations. It is designed rather to stimulate activity and progress in the arts for the intellectual enrichment of the public. Copyright is intended to increase and not to impede the harvest of knowledge. It is intended to motivate the creative activity of authors and inventors in order to benefit the public."

Moreover, this Court Order is an important precedent for any other lawsuit that might be initiated by Human Design Italia, Jovian Archive or any other organization or individual claiming intellectual property on the HD system. And it is important also for all the independent HD readers, teachers and writers – many! – that have been bullied through the years!

Instead, Human Design has benefited a lot from the work of such independent HD practitioners and has evolved immensely from its original formulation thanks to their commitment, research and experiences.

Let this Court Order be the first step towards the free expansion and evolution of this beautiful science.

나 사용 설명서

초판 1쇄 발행 2025년 12월 10일

지은이 아이매뉴얼 아카데미, 서민정
펴낸이 류태연

펴낸곳 렛츠북
주소 서울시 영등포구 문래북로116길, 트리플렉스 1005호
등록 2015년 05월 15일 제2018-000065호
전화 070-4786-4823 | **팩스** 070-7610-2823
이메일 letsbook2@naver.com | **홈페이지** http://www.letsbook21.co.kr
블로그 https://blog.naver.com/letsbook2 | **인스타그램** @letsbook2

ISBN 979-11-6054-784-9 03180

* 이 책은 저작권법에 따라 보호를 받는 저작물이므로 무단전재 및 복제를 금지하며, 이 책 내용의 전부 및 일부를 이용하려면 반드시 저작권자와 도서출판 렛츠북의 서면동의를 받아야 합니다.

* 잘못된 책은 구입하신 서점에서 바꾸어 드립니다.